NOTES

SUR

LE DERNIER ÉTAT ET LES DERNIERS JOURS

DU

PRIEURÉ DE LONGUEVILLE

SUIVIES DE DOCUMENTS INÉDITS

PAR

P. LE VERDIER,

AVOCAT A LA COUR D'APPEL DE ROUEN

ÉVREUX

IMPRIMERIE DE L'EURE

—

1893

NOTES

SUR

LE DERNIER ÉTAT ET LES DERNIERS JOURS

DU

PRIEURÉ DE LONGUEVILLE

(Extrait de la *Revue catholique de Normandie*)

NOTES

SUR

LE DERNIER ÉTAT ET LES DERNIERS JOURS

DU

PRIEURÉ DE LONGUEVILLE

SUIVIES DE DOCUMENTS INÉDITS

PAR

P. LE VERDIER,
Avocat a la Cour d'Appel de Rouen

ÉVREUX
IMPRIMERIE DE L'EURE
1893

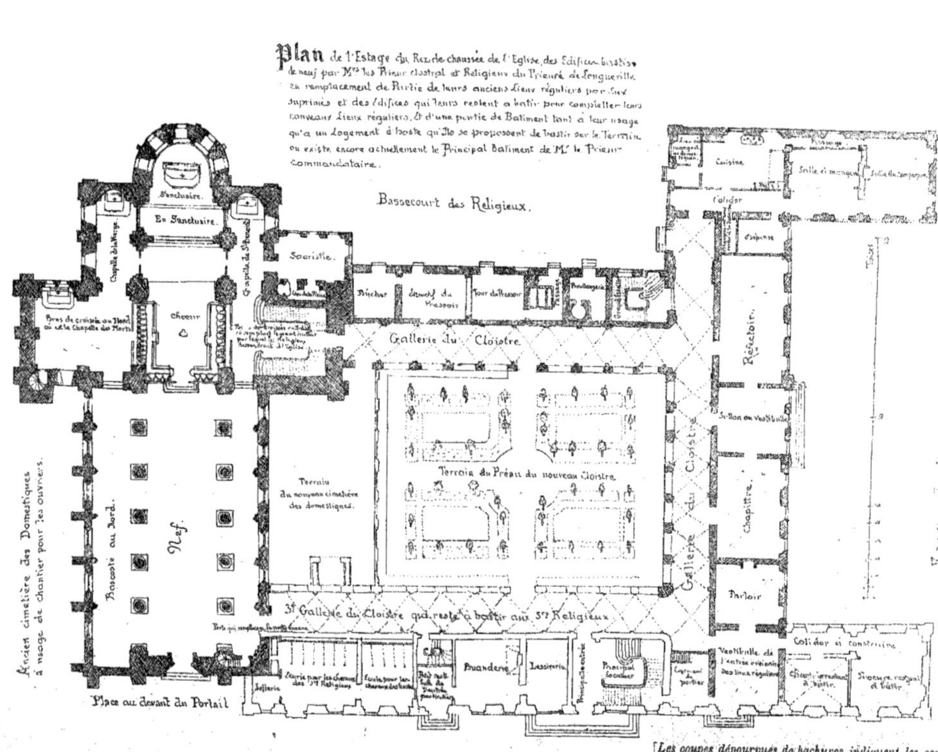

Plan de l'Estage du Rez de chaussée de l'Eglise, des Edifices bastis de neuf par M.rs les Prieur clostral et Religieux du Prieuré de Longueville en remplacement de Partie de leurs anciens Lieux réguliers par eux suprimés et des Edifices qui leurs restent à bastir pour compietter leurs nouveaux Lieux réguliers, Et d'une partie de Batiment tant à leur usage qu'a un Logement à hoste qu'Ils se proposent de bastir sur le Terrain ou existe encore actuellement le Principal Batiment de M.r le Prieur commandataire.
Bassecourt des Religieux.
Sanctuaire.
Bas Sanctuaire.
Chapelle de la Vierge.
Chapelle de St Joseph.
Choeur.
Sacristie.
Bras de croisée du Nord ou de la Chapelle des Morts.
Bucher.
Etendoir du Pressoir.
Tour du Pressoir.
Boulangerie.
Gallerie du Cloistre.
Cuisine.
Salle à manger.
Salle des compagnons.
Colidor.
Refectoir.
Depense.
Terrain du Préau du nouveau Cloistre.
Terrain du nouveau cimetière des domestiques.
Nef.
Bascotte au Nord.
Ancien cimetière des Domestiques à usage de Chantier pour les ouvriers.
Salon ou Vestibule.
Gallerie du Cloistre.
Chapittre.
Parloir.
Nouveau Jardin.
3.e Gallerie du Cloistre qui reste à bastir aux S.rs Religieux.
Colidor à construire.
Vestibule de l'entrée ancienne des lieux réguliers.
Corps avant portier.
Escurie pour les chevaux des S.rs Religieux.
Escole pour les charets du bois.
Principal Escalier.
Buanderie.
Lessiverie.
Sellerie.
Place au devant du Portail.
Lieux reguliers à bastir.
Lieux reguliers à bastir.
Principalle Cour du Prieuré.
[Les coupes dépourvues de hachures indiquent les constructions qui n'ont pas été achevées.]
Réduction au 3/4.

NOTES

SUR

LE DERNIER ÉTAT ET LES DERNIERS JOURS

DU

PRIEURÉ DE LONGUEVILLE

Le mois de janvier 1890 a vu disparaître l'ancien logis conventuel de Longueville (1). Un incendie survenu au mois de septembre précédent (il avait été transformé en filature de coton) n'en avait laissé debout que les quatre murs : on les a rasés ; un élégant parterre en occupe la place. De l'antique prieuré il ne reste plus maintenant que d'insignifiantes constructions, des débris épars dans le bourg et quelques dénominations dont le souvenir disparaîtra bientôt à son tour.

C'était pourtant un monastère important que le prieuré, ou, comme on disait, l'abbaye de Longueville ; son ancienneté, la beauté de son église, ses vastes bâtiments claustraux, ses possessions, la piété de ses religieux, sa situation qui en avait fait un poste de renseignements et un gîte d'étape pour les messagers de

---

(1) Longueville, chef-lieu du canton et de l'ancien duché de ce nom, dans la vallée de la Scie, arrondissement de Dieppe.

l'ordre de Cluni passant en Angleterre (1) : tout cela le recommande à la fois à l'attention de l'archéologue et à celle de l'historien.

Il nous a paru bon de recueillir quelques faits dont la mémoire n'a pas encore péri. Je n'ai pas l'intention de raconter l'histoire du prieuré : ce serait un livre à faire (2). Je veux seulement noter l'historique de son dernier état et de ses derniers jours.

Deux documents, dont la conservation définitive peut inspirer quelque inquiétude, vont me permettre de le faire. L'un est un plan général du rez-de-chaussée de tout le prieuré comprenant l'église, le cloître, le logis des religieux avec toutes les dépendances et constructions accessoires. Ce plan est daté de 1752 : c'est une copie collationnée et signée des deux architectes; elle se trouve maintenant dans une bibliothèque particulière (3). Une autre copie, celle-là informe, appartient à la Fabrique de la paroisse de Longueville.

L'autre source de renseignements consiste dans les trois premiers registres des délibérations du corps municipal de Longueville, conservés, ou plutôt comme oubliés, quand je les ai vus, au fond d'une armoire poudreuse de la mairie de ce bourg. Ils contiennent ensemble 304 feuillets petit in-4°. et comprennent la période qui s'étend du 3 août 1788 au 8 septembre 1793. Après cette date, les archives municipales présentent une longue lacune.

Tels sont les deux documents auxquels je vais demander de nous dire ce que fut en ses derniers jours le prieuré de Longueville.

Afin de ne point sortir du cadre que je me suis imposé, je ne

(1) Bibl. Nat., fonds latin, n° 2566, nouv. acq. : n° 4. — Statut du prieur de la Charité du 15 août 1247. — On y voit que le prieuré de Longueville servait à assurer les communications avec les maisons de l'ordre en Angleterre : « cum dictus (ledit messager) apud Longam villam venit, ibidem breve dimittet. » Le *cellérier* est chargé spécialement de le diriger « ad propinquiorem de domibus nostris in Anglia constitutis ut inde ad alias domos possit transferri », comme aussi d'assurer la transmission à la Charité de toute nouvelle venant d'Angleterre. Les prieurs anglais doivent en effet expédier leurs courriers à Longueville : « apud Longam villam iter aggredi faciant. »

(2) Les Archives de la Seine-Infér. possèdent un fonds important, provenant du prieuré de Longueville. On pourrait consulter aussi le fonds de Cluny, conservé à la Bibl. Nat., dont le catalogue a été rédigé par M. L. Delisle. (Paris, Champion, 1884, in-8).

(3) Bibliothèque de M. Edouard Pelay, à Rouen.

dirai rien de son histoire antérieure. Je rappelle seulement qu'il avait été fondé vers la fin du xi⁰ siècle, en 1084 ou en 1093 (1), par Gaultier Guiffard, l'un des chevaliers de Guillaume le Conquérant, celui même dont Longueville prit le surnom, pour douze bénédictins de l'ordre de Cluny, portés depuis au nombre de vingt-six; et j'arrive tout de suite, sans en dire davantage, aux documents que je veux interroger.

L'abbaye, ou plus exactement, le prieuré, s'élevait au pied du château-fort de Gaultier Guiffard entre le coteau est de la vallée, que couvraient ses jardins, et l'emplacement actuel de la mairie et des halles. Il occupait un enclos de sept à huit acres ou cinq hectares environ, que traversait la rivière.

Il comprenait, outre l'église, des bâtiments d'habitation et des dépendances nombreuses qui durent, suivant les temps, subir bien des modifications.

Le dernier état est révélé par le plan que j'ai annoncé. Il est intitulé :

« Plan de l'estage du rez de chaussée de l'église, des édifices
« bastis de neuf par Mrs les Prieur clostral et Religieux du Prieuré
« de Longueville, en remplacement de partie de leurs anciens
« lieux réguliers par eux supprimés, et des édifices qui leur restent
« à bâtir pour completter leurs nouveaux lieux réguliers, et d'une
« partie de batiment tant à leur usage qu'à un logement d'hoste
« qu'ils se proposent de bastir sur le terrain ou existe encore
« actuellement le principal bâtiment de Mr le Prieur commanda-
« taire. »

Le reste de la légende fait connaitre que le plan comprend les changements entrepris depuis 1740, et ce qui reste à faire, à la

____

(1) 1084 : *Neustria pia*, et D. Duplessis. — 1093 : *Chronicon Fiscannense* (Nova bibliotheca manuscripta du P. Labbe, t. i, p. 326); c'est la date adoptée par MM. les abbés Cochet et Tougard. — V. *Appendice A*, la charte de Henri II. — Les donations de biens sis en Angleterre, consenties au Prieuré, tant par Gautier Giffard, comte de Buckingham, et Agnès, sa femme, que par leur fils, Gautier Giffard, comte de Buckingham, et Ermenger (ou Ermengaude, *Nécrologe de Longueville*, ou Ermengard, *charte de Henri II*), sa femme, ont été confirmées suivant une charte de celui-ci, rapportée dans le *Monasticon anglicanum*, t. vi, 2⁰ partie, p. 1036 (édition de Londres, 1846).

date de l'établissement et signature dudit plan par les architectes, 22 février 1752 (1).

Ainsi, en 1740, à l'exception de l'église, les religieux avaient résolu de rebâtir tout leur prieuré, et, en 1752 (2), il ne leur restait plus à construire qu'une aile du logis conventuel, à l'ouest, qui devait faire symétrie à celle existant déjà à l'autre extrémité, et un corps de bâtiment, aussi au couchant, qui aurait relié le logis à l'église, comme faisait celui qui existait déjà du côté du levant. Mais ces derniers compléments de l'œuvre ne furent pas réalisés (3).

Si l'on jette les yeux sur le plan, on voit que toutes ces constructions formaient ou auraient formé un vaste parallélogramme d'environ 100 mètres de longueur du nord au sud sur 65 environ

(1) Au dos du plan on lit : « Le plan particulier, d'autre part, du rez de chaussée, contenant les changements et réformations que M^{rs} les Prieur clostral et religieux du prieuré de Longueville entendent faire par la suitte dans ce qui est bâti de leurs lieux réguliers depuis 1740, l'aile qui leur reste à bâtir sur le jardin pour faire simétrie à celle déjà bastie, et la partie de bastiment qu'ils espèrent se faire authoriser à bastir pour completter leurs lieux réguliers sur le terrain où existe encore actuellement le principal bâtiment de M. le Prieur commandataire, levé et rapporté par Nous architectes soussignés, du réquisitoire de Dom Despalennes, procureur desdits sieurs Prieur clostral et Religieux dudit Prieuré, ainsi qu'il est plus au long mentionné, en datte du 21e du présent mois, dans le procès-verbal par nous dressé vertu de l'arrest rendu par nos Seigneurs du Grand Conseil, le 23e juin dernier, entre M. le chevallier Daidye, Prieur commendataire du même dit Prieuré, et les dits sieurs Prieur clostral et religieux; — et ledit plan de l'autre part, avec nous, signé dud. Dom Despalennes et du sieur Thronel, procureur dud. Seigneur Prieur commandataire, ce 22e février 1752. Ainsi signés Dom Despalennes, Thronel, Fromageau et Boullier, avec paraphes.

« Collationné au plan minutte tant pour ce que dessus que pour l'autre part, par nous architectes soussignés, à Longueville, ce 28 septembre 1752. Fromageau, Boullier. »

(2) Une délibération du corps municipal de Longueville, de 1789, (Reg., f° 7, v^o) dit que « le bourg possède un ample et beau prieuré rebâti depuis *quarante ans.* »

(3) Ces grands travaux durent avoir pour effet de détruire une seconde église qui existait dans l'enclos du prieuré. On sait d'ailleurs que les anciennes maisons religieuses contenaient souvent deux et trois édifices consacrés au culte. On voit en effet dans l'aveu des Religieux du 29 août 1692 (Arch. S.-Inf.) mention d'un clos dit le cimetière s'étendant « entre l'église et la petite dédiée à Notre-Dame ». (folio 37, recto). Cette co-existence expliquerait pourquoi Orderic Vital dit que l'église du Prieuré était dédiée à la Vierge Marie.

de profondeur. L'église en occupait le côté nord et l'habitation
des religieux le côté sud. Les deux édifices étaient reliés, au levant,
par un long édifice où se trouvaient notamment le bûcher, le
pressoir, et la boulangerie. Au couchant, à l'endroit où se trouve
aujourd'hui la gare des voyageurs, s'élevait le manoir du prieur
commendataire : il devait faire place, nous venons de le dire, à
un bâtiment symétrique au précédent, où auraient été installés
l'entrée principale du monastère, l'escalier d'honneur, la nouvelle
habitation du commendataire, un logis pour les hôtes, les écuries
et buanderies au rez de chaussée, et, par derrière une galerie de
cloître. Ce dernier édifice ne fut pas réalisé. A l'intérieur de cet
ensemble de constructions, se trouvait un cloître couvert, dont la
troisième galerie est restée en projet, et dont les arcades s'ou-
vraient sur un préau ou jardin central. Enfin entre le préau et
l'église régnait un terrain réservé à la sépulture des serviteurs
du prieuré (1). Au midi s'étendait un jardin et la prairie, au
levant la basse-cour et les anciens jardins, au couchant la place
du bourg.

De tout cela que reste-t-il aujourd'hui? Une partie des murs qui
entouraient les jardins sur le flanc du coteau, et quelques pans de
murailles reconnaissables dans la maison qu'habite le chef de la
gare du chemin de fer. A quelque distance, à l'est, existe encore
un long et vaste bâtiment solidement construit en briques, autre-
fois à usage de grange, où son propriétaire actuel a installé un
haras, et une maison d'habitation, ancien logement des serviteurs,
qu'on appelle encore communément le *couvent* : n'était cette
dénomination, tout souvenir du vaste et antique prieuré aurait
maintenant disparu (2).

L'église, sottement démolie vers l'époque révolutionnaire, et
dont nos musées gardent à peine quelques vestiges, « ferait

(1) Les religieux étaient inhumés, d'ordinaire, dans l'église ou dans le cloître.

(2) Au hameau de Vaudreville on reconnaît encore, dans la ferme dite de
l'hôpital, le souvenir de l'ancienne maladrerie fondée par Gaultier Gniffard et
mise par lui à la charge du prieuré, mais supprimée et réunie à l'hôpital général de Dieppe par lettres patentes de novembre 1695, les revenus qui lui avaient
été affectés étant devenus insuffisants. La chapelle en ayant été incendiée, elle
avait été rebâtie et dédiée, sous le vocable de sainte Madeleine, par Eudes
Rigaud, le 1er août 1249 (*Regestrum visit.*).

aujourd'hui la gloire de Longueville » a dit M. l'abbé Cochet (1).
Bâtie au xie siècle et souvent sans doute remaniée, « elle offrait,
lisons-nous dans Guilmeth, un magnifique assemblage des types
d'architecture qui depuis cette époque jusqu'à nous se sont suc-
cédé dans notre pays (2). » Dédiée d'abord à la Vierge Marie (3),
elle aurait reçu plus tard le vocable de Sainte Foi, d'où le nom,
Prieuré de Sainte-Foi de Longueville.

C'était une église orientée, en forme de croix, bâtie en pierre
de taille et moellons, couverte en tuiles. Le plan nous en
donne les proportions. Elle comprenait trois nefs, et mesurait
65 mètres environ de longueur sur 20 mètres de large, murailles
comprises (4). Les dimensions de la croisée étaient de 12 mètres
sur 38 de long. Les transepts et le sanctuaire avaient leurs
murailles beaucoup plus épaisses (environ deux mètres) que celles
de la nef. Il est probable que c'était là la partie la plus ancienne
du monument; la coupe horizontale semble indiquer le style
roman. Quant à la nef, dont la légèreté est accusée par la largeur
et le nombre des baies, par les contreforts minces et très-saillants
que l'on voit indiqués au plan, il semble qu'elle était construite
dans le style gothique (5). Le clocher « un peu écrasé, couvert
en essente, était meublé de six cloches, quatre grosses et deux
petites. » On y voyait aussi une horloge. Le portail enfin s'ouvrait,
à l'occident, à peu près en face des halles actuelles, sur la place
principale du bourg.

On remarquera la disposition particulière du chœur, du sanctuaire et de la croisée. Le milieu de celle-ci, entre les quatre gros
piliers portant le clocher, était élevé de plusieurs marches et était
occupé par le chœur proprement dit, le lutrin, les chantres, avec
les stalles des moines rangées sur les deux côtés; puis de nouveaux
degrés précédaient une partie dite « en sanctuaire », et plus haut
encore était placé l'autel, au fond de l'abside. Le chœur, était

(1) *Eglises de l'arrondissement de Dieppe*, t. i, p. 258.
(2) Notice historique sur le bourg et les environs de Longueville.
(3) Orderic Vital, trad. Guizot, t. iv, p. 162. V. ci-dessus, p. 8, note 3.
(4) Longueur de la nef 15 toises, chœur, 14 toises; largeur 9 toises, mesures
intérieures. (Procès-verbal de la municipalité du 21 mai 1790).
(5) Le *Nécrologe* de Longueville en attribue du reste la construction au prieur
Bernard de Genebreda, qui vivait vers l'an 1336.

séparé de la nef par une grille en fer surmontée d'un crucifix de cuivre; une deuxième grille précédait le sanctuaire. Celui-ci était lambrissé dans tout son pourtour.

A droite et à gauche du sanctuaire, les nefs latérales se terminaient rectangulairement, sans abside, et formaient les deux chapelles de la Vierge et de saint Benoît. Quant aux bras de la croisée, celui du nord contenait la chapelle des Morts; dans celui du sud devait se développer un majestueux escalier à deux montées, par où les religieux auraient pu se rendre du cloître à l'église (1).

En plusieurs endroits se trouvaient des monuments funéraires : d'abord, à gauche, près du portail, le mausolée et les effigies du fondateur, Gautier Guiffard, d'Agnès de Ribemont, sa femme, et de leur fils, l'inscription tumulaire de Pierre Miget, prieur de Longueville, docteur en théologie, l'un des juges et non des moins compromis, hélas! de notre pure Jeanne d'Arc (2), les dalles tumulaires du chanoine Drogon de Trubleville, conseiller de Richard Cœur de Lion, inhumé près du chœur, d'Isabelle d'Eu, comtessse de Longueville, etc., et de tant d'autres bienfaiteurs dont les noms nous ont été conservés par le *Nécrologe* du prieuré (3).

(1) Le plan montre qu'une porte devait mettre l'église en communication avec la galerie occidentale du cloître au lieu de la porte *Susane*, qui devait disparaître, ce qui semble n'avoir pas été exécuté. La porte Susane tirait évidemment son nom de la famille du même nom dont un bon nombre de membres habitèrent Longueville aux xvie et xviie siècles. Plusieurs y exercèrent des fonctions de magistrature, notamment Jacques et Pierre Susanne, éc., sieurs de l'Epinay, lieutenants généraux au baillage de Longueville; Isaac Susanne, éc., sieur du Clariel, avocat fiscal, etc.

(2) On le trouve présent à 15 des séances du procès; il assista aussi au supplice. (Ch. de Beaurepaire, *Notes sur les juges et assesseurs du procès de condamnation de Jeanne d'Arc*). — V. *Les deux procès de condamnation de Jeanne d'Arc*, par E. O'Reilly, t. i, p. 94, et t. ii, p. 373, 377, etc.

(3) Le *Nécrologe* de Longueville, compilé vers l'an 1385, est inséré dans le tome xxiii du *Recueil des historiens des Gaules*; il donne une longue liste des anciens bienfaiteurs du prieuré, parmi lesquels, outre ceux déjà cités, Jeanne de Navarre, femme de Philippe le Bel, le comte Gaultier Giffard III (tertius), Guillaume le Mareschal, comte de Longueville, Guillaume de Bailloël, etc., etc.

Le musée d'antiquités de Rouen possède la dalle tumulaire de Drogon de Trubleville, ainsi que deux autres, du xive siècle, provenant aussi du Prieuré. Elles sont décrites sous les n°s 50, 28 et 29 dans le catalogue rédigé par l'abbé Cochet (édition de 1868). Celle d'Isabelle d'Eu (xive siècle) sert

L'édifice qui servait à l'habitation des religieux, bâti vers 1740, n'avait aucun caractère architectural. Il se composait d'un vaste rectangle de 65 mètres de long environ (1) sur 13 de large, augmenté à son extrémité, est, d'une aile en retour d'équerre faisant sur la façade principale une saillie d'environ 15 mètres, avec 10 mètres d'épaisseur, le tout bâti en briques et couvert en tuiles. L'aile symétrique que le plan indique à l'extrémité, ouest, ne paraît pas avoir été édifiée, non plus que le bâtiment qui, de là, devait rejoindre le portail de l'église. Le corps central comprenait un rez-de-chaussée *surmonté* de deux étages, percé à chaque étage de 13 fenêtres sur chacune des façades et de trois aux pignons, couronné d'un fronton triangulaire sur chacune des deux faces principales. Du côté du midi un large perron central descendait vers le jardin. Le rez-de-chaussée était occupé par les cuisines, les salle à manger et *salle de compagnie*, salon ou vestibule, au centre, le réfectoire, la salle du chapitre, un parloir, et la galerie méridionale du cloître. Au premier étage étaient les dortoirs, subdivisés en un grand nombre de chambres; six étaient occupées par les religieux (2), trois par la bibliothèque, le trésor de la sacristie et le chartrier, que l'on devait transporter en bas, dans l'aile occidentale projetée, les autres étaient réservées aux *infirmes*, aux hôtes, etc. (3).

de seuil à l'une des maisons de la place du bourg (côté nord); elle est maintenant absolument fruste. D'autres semblent avoir été transportées dans le pavage de l'église paroissiale : elles n'offrent plus aujourd'hui que des traces des figures et des inscriptions qu'observait encore M. Cochet en 1846 (*Les églises de l'arrond. de Dieppe*, t. I.) — V. Ord. Vital, *trad. Guizot*, t. IV, p. 162, — la *Neustria pia*, de A. du Monstier, — et D. Duplessis, *Description de la Haute-Normandie.*

(1) 32 toises, 4 pieds, mesure prise intérieurement, dit le procès-verbal révolutionnaire, dont il sera parlé ci-dessous.

(2) Le septième, Dom Jacquetin, à cause de son âge et de ses infirmités, habitait au rez-de-chaussée.

(3) On lit dans le procès-verbal du 21 mai 1790 : « Dans ces dortoirs on distingue dix-huit chambres, savoir, douze à cheminée, dont six occupées par les religieux, quatre pour les infirmes et les hôtes, celle des archives et une vacante servant de chauffoir commun. Des six autres une très grande n'a jamais été finie, une pour la bibliothèque, une autre pour le trésor de la sacristie, les autres occupées par les domestiques. »
L'aménagement du rez-de-chaussée demeura incomplet; le procès-verbal en effet continue : « On distingue dans le bas, sous le dortoir, deux galeries servant de cloître qui n'ont jamais été ny pavées ny crépies, ni blanchies, un

Quand, vers 1816, ce bâtiment fut tranformé en filature, l'on n'en conserva que la partie centrale; on démolit l'aile du levant, et, sur son emplacement, on fit passer un bras dérivé de la rivière qui devait actionner la roue hydraulique.

A son tour la filature a été détruite au mois de septembre 1889; le feu n'en laissa debout que les murailles extérieures : on les abattit au mois de janvier suivant.

Les travaux de déblaiement et de nivellement ont révélé la présence dans le sous-sol de nombreuses maçonneries; on y a rencontré des blocs énormes en pierre, nous a-t-on dit. Ces substructions n'ont rien qui doive étonner : durant les sept siècles qu'il a vécu, le prieuré a dû plus d'une fois voir renouvelés ses édifices claustraux. Une élégante habitation, des gazons, des fleurs, que dis-je, un *lawn-tennis* remplacent aujourd'hui l'église, le cloître et les lieux pendant sept cents ans consacrés à la prière. Des joueurs insoucieux prennent leurs plaisirs sur le sol qui recouvre les restes des religieux et des bienfaiteurs de l'abbaye. Telle a été l'évolution voulue de la Providence.

** **

Cependant 1789 a sonné, suivi bientôt des années de ruines.

Le 21 mai 1790, Pierre Paul Lavinay, maire de Longueville, Jean Petit et Anthoine Masse, officiers municipaux, accompagnés de François Fourneau, procureur de la commune, et de François Jourdain, greffier provisoire, se présentent au prieuré « en exécution des décrets de l'Assemblée nationale des 20 février, 19 et 20 mars précédents, » c'est-à-dire en vertu des décrets qui prohibent les vœux monastiques, invitent les religieux à sortir de leurs maisons, et prescrivent de dresser des inventaires et états des biens et des personnes. Laissons la parole au procès-verbal de cette visite :

« Nous sommes transportés au monastère du prieuré de ce lieu, ordre de Cluny et étroite observance de ce même ordre; parvenus

---

pressoir à cidre meublé de tous ses ustensiles, les cuisines, deux sales, une servant de réfectoire, l'autre occupée par un religieux infirme, un vestibule à trois croisées, et quatre grands appartements imparfaits et nus depuis leur construction. »

au grand escalier qui conduit à la galerie du dortoir, un domestique de ladite maison auquel nous avons demandé l'endroit où était monsieur le Prieur nous a dit qu'il était au chartrier et qu'il nous y attendait; le même domestique nous ayant conduit à cet endroit, monsieur le Prieur nous a dit : « Tous ces messieurs vont s'assembler. » Lesquels en effet se sont assemblés à l'instant au nombre de sept, compris un infirme et plus que septuagénaire; mesdits sieurs prieur et religieux priés de nous déclarer leurs noms, âge, place qu'ils occupent, ceux de leurs affiliés, ainsi que leur âge, monsieur le prieur a déclaré se nommer Thomas Bolot, qu'il est âgé de 66 ans, qu'il est prieur claustral de ladite maison; prié de signer sa déclaration il l'a déclaré vraie et l'a signée, lecture faite.

Suivant l'ordre prescrit par le décret, messieurs les autres religieux de ladite maison, appelés suivant l'ordre de leur âge et de leur place, sur l'indication de monsieur le prieur :

Dom Claude Daruz, sous-prieur, 47 ans,
Dom Jean Jaquetin, ancien sous-prieur, 75 ans,
Dom Jean-Claude Ravaisse, procureur, 60 ans,
Dom Jérôme Vondière, sacristain, 36 ans,
Dom Pierre Briron, religieux, 34 ans.
Dom Jacques François Laillet, prêtre profès et religieux, 34 ans.

Les dits prieur et religieux devant nommés, priés de déclarer s'ils sont tous prêtres et si parmi eux se trouve aucuns affiliés, ont dit qu'ils sont tous prêtres et religieux de l'ordre de Cluny de l'étroite observance, qu'ils n'ont dans leur communauté aucuns affiliés et n'en attendent aucuns, ce qu'ils ont signé, lecture faite.
— D. T. Bolot, *prieur claustral*, D. Daruz, *s.-prieur*, D. Ravaisse, *pr.*, D. Jérome Vondière, D. Briron, D. Laillet. »

Ainsi en 1790 le prieuré n'abrite plus que sept religieux.

« Ensuite nous avons demandé, continue-t-on, la représentation des registres et comptes de régie, qui nous ont été exhibés; sur le champ nous avons signé et paraphé le dernier compte de régie en recette et dépense tant ordinaire qu'extraordinaire arrêté et signé par mesdits sieurs prieur et religieux le 10 mai présente année, dont le résultat est que, compensation faitte des recettes et dépenses, il y a un excédant en recettes de 742 liv. 15 s. »

La déclaration reçue, les municipaux se livrent à un examen minutieux des lieux, rédigent un inventaire du mobilier, un état

détaillé des immeubles, vérifient et arrêtent les comptes de la
communauté, dressent une situation de ses revenus et charges.
Ces opérations avaient duré trois jours ; leur récit occupe vingt-
une pages in-folio du registre municipal. Provisoirement le tout
est laissé à la *garde* des religieux, la loi daigne l'autoriser (1) ;
mais, avant de se retirer, les officiers municipaux font subir à
chacun un interrogatoire : « *ensuite nous avons procédé à*
« *prendre les déclarations de MM. les religieux qui voudraient*
« *s'expliquer sur leur intention de sortir des maison de leur ordre*
« *et les avons entendus séparément.* » Six protestent vouloir rester
dans leur maison. Seul Dom Vondière déclare « qu'il consent à
« sortir de son cloître, sa piété filiale l'appelant auprès d'une
« mère sexagénaire ; il se retirera à Macon, en Bourgogne, prêt à
« se charger du desservice du culte divin que MM. les évêques
« voudront bien lui confier et continuant à faire corps avec son
« ordre (2). » Cependant on le voit encore au couvent trois mois
plus tard.

La constitution civile du clergé fut votée au mois de janvier
1791 : le 21 mars, les religieux présentèrent à la municipalité
une requête faisant connaître « qu'ils étaient disposés à jouir de
« la liberté que leur accordent les décrets, » dit le procès-verbal.
Le 5 mai suivant, cette municipalité leur notifia un arrêté du
Directoire du département, prescrivant à tous les religieux qui
veulent continuer la vie commune de se retirer à l'abbaye de
Jumièges. Ce fut le coup de cloche de la dispersion (3).

---

(1) La municipalité ne manquera pas dans la suite d'exercer sa surveillance.
Le 17 octobre 1790, le procureur de la commune lui présente une requête
conçue dans une forme violente, « considérant que la nation est journellement
volée par ceux qui devraient observer ses intérêts, » etc., et se fait autoriser
« à surveiller tous enlèvements de mobilier qui pourraient être opérés par les
sieurs religieux. » Les religieux dépossédés *volant* la Nation ! Cela s'appelle
aujourd'hui un comble.

(2) « A l'époque de la Révolution il n'y avait plus que *cinq* religieux qui
n'ont pas laissé dans le pays d'édifiants souvenirs. » (Eglises de l'arrond. de
Dieppe, t. I, p. 258). Nous ne savons où le savant abbé Cochet a pris ce ren-
seignement, contre lequel protestent les énonciations du procès-verbal et les
interrogatoires des religieux. Ils déclarent ne pouvoir sortir de leur maison,
puisque les lois ne fixent pas d'une manière positive leur avenir matériel,
mais aussi la continuation de leur vie sacerdotale n'est pas mise en doute.

(3) Le 14 mai 1791 le district de Dieppe affermait les cour, jardins et arbres
fruitiers ; le 30 juin la municipalité se transportait au *ci-devant* prieuré pour
en constater l'état. (Registre municipal, f° 33).

Seul Dom Jacquetin demeura : il était infirme et âgé de 77 ans; il se retira en une maison du bourg. La municipalité reçut le 2 août 1791 son serment civique (qu'on lui fit renouveler l'année suivante), et son testament, le 8 septembre 1793 : il léguait tout son avoir, un chétif mobilier, à la veuve Cornu, sans doute sa servante. Il est mort à Longueville, le 28 octobre 1792, âgé de 78 ans. Je n'ai pu découvrir quel fut le sort des six autres religieux, ses frères.

Revenons au procès-verbal de 1790. Bien des choses restent à lui demander.

Quelles étaient alors les ressources du prieuré? Le total des revenus, comprenant des immeubles, des rentes, des dîmes, des droits de diverses natures, se montait à 52.351 livres, savoir 49.100 livres dont la perception était affermée par baux notariés, et le reste administré directement par les religieux. Où tous ces biens étaient-ils assis ? On pourrait l'apprendre de certain *tableau*, descriptif et détaillé, *remis le 23 février 1790, pour obéir aux ordres de l'Assemblée Nationale, au lieutenant général du bailliage de Dieppe*, ou bien de *deux volumes où étaient inventoriés tous les titres du chartrier du prieuré* et qui, *présentés aux municipaux, furent par eux cotés et paraphés* (1). Mais tout cela semble perdu. Il suffira de dire que le dernier pouillé du diocèse leur reconnait trente patronages d'église ou autres bénéfices (2), et que, dans un aveu rendu par les Prieur et couvent au roi de France et d'Angleterre, le 25 avril 1419, je compte, mentionnés, des propriétés, revenus, patronages ou droits quelconques dans 70 paroisses ou hameaux (3). Mais cette opulence n'était qu'apparente : elle va se trouver réduite, par l'effet des charges, à une stricte médiocrité.

D'abord, selon le déplorable usage du temps, le prieuré était en commende, et le prieur commendataire, M. d'Esclapon de Villeneufve, prélevait pour lui une somme annuelle de 24.000 livres. Il abandonnait le reste aux religieux, soit 28.351 livres, auxquelles venaient se joindre quelques profits claustraux for-

(1) Procès-verbal du 21 mai 1790.
(2) La liste que donne le pouillé de l'abbé Saas est conforme à celle de D. Duplessis, à l'exception de la cure de La Prée (doyenné de Cailly) que celui-ci ne mentionne pas.
(3) V. *Appendices*, l'aveu de 1419.

mant un revenu total à leur disposition de 32.610 livres. Laissons maintenant les officiers municipaux dire leurs charges ordinaires : « pour portions congrues, suppléments (à servir aux curés « ordinaires ou vicaires que le prieuré devait entretenir en diverses « paroisses), et rentes foncières, 3.675 livres ; — pour décimes, « 6.124 livres ; — pour rentes constituées, 1,282 livres ; — pour « rentes viagères, 3.755 livres, — ensemble 14.836 livres, « les quelles charges balancées avec 32.610 livres, restent net « 17.774 livres. »

Tel est le revenu réel (1), et les municipaux ajoutent : « sur « quoy, nous pouvons avec toute la paroisse rendre témoignage « que messieurs les religieux emploient réellement en aumônes « volontaires au moins 3.000 livres, de sorte que leur revenu se « réduirait à 14.774 livres pour l'entretien des sept religieux, six « domestiques, un garde des bois, et tous les frais du culte divin, « réparations, hospitalités, etc., etc. »

L'attestation est éloquente et montre assez le cas qu'il faut faire des plaisanteries faciles dont les moines anciens sont parfois l'objet ; elle prouve assez et la charité du prieuré et l'utilité que le bourg retirait de son existence. Longueville a perdu l'édifice qui ferait sa gloire, a dit l'abbé Cochet ; les 3.000 livres de dons représenteraient aujourd'hui au moins 10.000 francs, les pauvres les ont-ils retrouvés ?

Avant de clore cette étude, disons quelques mots du mobilier. A la demande des religieux, on n'inventorie que le mobilier précieux : d'abord 762 livres, 15 sols, d'argent monayé, puis les « effets » de la sacristie, où nous notons : deux calices, un ciboire, un assez bel ostensoir, en argent doré, « deux reliquaires en forme « de bras (2) couverts en argent doré, » une croix processionnelle

---

(1) Les religieux avaient dû s'obérer à l'occasion de la reconstruction entreprise en 1740, et l'on ne peut s'expliquer cette dépense qu'en supposant de larges subventions consenties par les commendataires. On a vu du reste que les travaux restèrent inachevés.

(2) Le Prieuré possédait des reliques des saints Innocents et de sainte Foy. On n'ose croire que ces reliquaires, trouvés en 1790, fussent ceux qu'avaient donnés plusieurs siècles auparavant deux moines du prieuré : *frater dominus Johannes de Augo dedit nobis pulcram fiertram argenti S. Fidis,... dominus Theobaudus de la Ferté, quondam celerarius, dedit nobis manum argenteam in qua est ciroteca S. Fidis.* (Nécrologe). Les reliques passèrent à l'église voisine, Sainte-Foy-sur-Longueville : « avons donné par ordre de MM. les administra-

en feuille d'argent avec son bâton aussi couvert en argent ; 12 chasubles, 12 chapes, le crucifix du maître-autel, en cuivre, de hauteur de six pieds, dans lequel est pratiqué le tabernacle ; un pupitre surmonté d'un aigle en cuivre. Enfin la bibliothèque comprend 1051 volumes, 123 in-folio, 104 in-4 et les autres in-12 (1).

Les officiers municipaux visitent ensuite les bâtiments. Ils décrivent sommairement l'église et la maison conventuelle : leur procès-verbal nous a permis déjà de compléter les indications du plan des architectes. Ils terminent leur examen par cette observation : « En conséquence nous pensons que la maison dans son « état actuel n'est pas susceptible d'un plus grand nombre de « religieux que celui de sept, qui l'occupent. »

Ainsi la municipalité de 1790 était loin de demander ou d'attendre la suppression du prieuré et des religieux. On sait ce qu'il en advint. Les moines partis, c'est la *Société des amis de la liberté et de l'égalité de Longueville*, qui leur succéda dans l'abbaye, jusqu'au jour où le nouveau propriétaire les expulsa (2).

Quelques églises du voisinage s'enrichirent des dépouilles du prieuré : celle de Longueville eut ses grilles, ses autels, sa croix *processionnale*, son horloge ; Saint-Jacques-de-Dieppe, deux anges adorateurs, que l'on vit longtemps aux côtés du maître-autel ; Bacqueville, ses lambris, après toutefois qu'on en eut raboté les sculptures ; etc. Quelques vieux meubles vendus le 11 novembre 1791 produisirent 265 livres, 9 sols, 3 deniers ; le reste fut porté à Dieppe.

Quant aux immeubles, les adjudications en eurent lieu par devant le district de Dieppe (3), aux mois de janvier, février, juillet

teurs du Directoire du District de Dieppe, deux reliquaires argentés ayant appartenu aux ci-devant religieux de cette paroisse, à MM. les maire et officiers municipaux de la paroisse de Sainte-Foy, en présence de M. le curé de cette paroisse, en habit sacerdotal et de son clergé, accompagnés de leur corps de garde nationale, pour être les dites reliques transportées en procession solennelle et déposées en l'église Sainte-Foy. » (Registre municipal, 6 octobre 1791).

(1) Nous avons sous les yeux un volume de cette provenance : *Tablettes chronologiques* par G. Marcel, Paris, Thierry, 1682, in-12. On lit sur le titre : *Ex libris Prioratus S. Fidei de Longavilla, ordinis et strictioris observantiæ cluniacensis, catalogo inscriptus anno 1777*, et au dessous, *L. 10*.

(2) Registre municipal, f. 85.

(3) Nous ne parlons ici que des immeubles qui étaient situés dans le district de Dieppe.

et décembre 1791 : elles donnèrent un peu plus de 160.000 livres.
Je note seulement une ferme à Longueville, 44.000 l., — le bois
du Héron, à Longueville et Sainte-Foy, 40.000 l., — l'auberge de
l'Ecu de France (1), 9.000 l., — la ferme de l'hopital, à Vaudreville, 25.000 l., — la chapelle de Bonne-Nouvelle, à Neuville-lès-
Dieppe, avec le terrain et les arbres qui l'entourent, 1.650 l. (2).

Pour le prieuré, ses dépendances et une ferme y attenante, la
vente en fut ajournée ; elle eut lieu seulement le 27 décembre 1792.
On vendit ce jour-là une ferme d'une contenance totale d'environ
95 acres, sise à Longueville, Sainte-Foy et Vaudreville, et louée
2600 fr. de prix principal, plus la maison conventuelle dud. ci-
devant prieuré, consistant en plusieurs bâtiments pour l'habitation, *église*, grange, colombier, jardins, etc., contenant 8 acres,
prairie, etc., pour le prix de 141.000 livres au citoyen Prévost, de
Dénestanville. Prévost n'était qu'un prête-nom, il retrocédait son
marché le surlendemain au citoyen Michel Cousin (3).

L'église existait encore. Mais le 2 ventôse an ix, Michel Cousin
revendait au citoyen Le Chevalier qui transmettait le même jour
à Jean Blanquet, drapier de Dieppe, par devant Boisseau, notaire
en cette ville. Cette fois l'on déclare céder : « l'enclos de la ci-
« devant maison conventuelle du prieuré de Longueville, les
« bâtiments qui *se trouvent encore existants.* » Nul doute que
l'église ne soit maintenant démolie. Ce qu'il y a de certain, c'est
qu'un nouvel acte de vente du 10 octobre 1819 (4), décrivant les
lieux cédés, ne mentionne plus l'église et l'acquéreur, le jour
même, vendait « des pierres, grès et briques étant dans l'enceinte

(1) Elle avait été acquise par le Prieuré avant l'année 1692 : « bornée d'un
costé vers le midy à la maison, cour et jardin de la dame de Soquence et
depuis marquise de Courtenay, d'autre costé au septentrion à la Halle et carre-
four ; d'un bout au levant à la rue des Escoufles, et d'autre bout au couchant à la
Grande Rue. » (Aveu du 29 août 1692). Longueville possède toujours, au même
lieu, un *hôtel de l'Ecu de France.*

(2) Archives de la S.-Inf., District de Dieppe, domaines nationaux de
1re origine, minutes, t. i, ii et iv.

(3) 30 mai 1793, « la Société des Amis de la liberté et de l'égalité de Longueville arrête qu'elle tiendra ses séances dans l'église de Longueville, ayant été
obligée d'abandonner le local qui lui avait été cédé à l'abbaye par le citoyen
Cousin, propriétaire d'icelle. » (Registres municipaux de Longueville).

(4) Vente par Jean-François-Tranquille Quenouille, négociant à Dieppe, à
Jacques-Parfait Huet, teinturier à Déville-lès-Rouen.

« du ci-devant prieuré. » L'église avait donc été abattue de l'an ii
à l'an ix, sept cents ans après sa fondation.

Ses ruines furent dispersées. On en rencontre des débris à tous
les coins du bourg. Ici une dalle tumulaire retournée, ou bien un
tronçon de pilier servent de seuil ; là le trottoir est fait de pierres
tombales ; ailleurs on rencontre un fragment de bas-relief, une
portion du fût d'un calvaire, qui porte le nom et les armes du
donateur, « *Pierre Le Tellier, avocat fiscal, 1584* (1) », etc. ;
tristes fragments, minces épaves, seuls survivants *ubi Troja fuit.*

Telle est l'histoire des derniers jours du Prieuré de Longueville : en changeant les noms et les chiffres, ce serait à peu près
celle de tant de monastères détruits, abbayes, prieurés, collé-
giales, célèbres par leur antiquité, leur architecture, la science,
les services ou les vertus de leurs religieux, qui couvraient notre
sol normand. L'ignorance plus que l'impiété, les a abattus. Un
intérêt local pouvait seul les sauver. Un vœu de la municipalité,
s'il avait pu être entendu, faillit ménager au prieuré de Longueville cet heureux sort. Non pas que celle-ci fut sensible aux choses
de l'art ou aux intérêts de l'histoire : le vœu qu'elle émit, en 1789,
(*Reg.*, f° 7) était inspiré par le sentiment moins noble de l'ambi-
tion locale. Se souvenant sans doute que pendant des siècles leur
bourg avait possédé un baillage royal, les municipaux, en concur-
rence avec les villes d'Arques et de Dieppe, n'aspiraient à rien
moins qu'à obtenir son érection en chef-lieu de discrict :

« Ce bourg, disaient-ils, chef-lieu du duché de ce nom, est
« assis dans une vallée fertile et salubre, traversé par une rivière
« assez importante, et progessivement avoisiné de paroisses où la
« population est très-nombreuse et le bois très abondant. Dans ce
« bourg est un ample et beau prieuré, rebâti depuis quarante
« ans et habité par des religieux de Cluny. Si ces religieux
« cessaient de résider dans cet édifice, il offrirait tout ce qui

(1) L'écu porte une bande chargée d'une pièce difficile à désigner, et qui
pourrait bien être un ustensile servant au métier de *toilier.* — Il paraît que la
croix, enfouie un peu plus loin, sert de borne d'héritage (propriétés Pinchon et
Godard).

Ailleurs on voit encastré dans une façade, une pierre ornée d'un écusson :
chargé de deux faces ou burelles, au 1ᵉʳ à un croissant, au 2ᵉ à deux merlettes,
au 3ᵉ en pointe à trois fleurs de lis tigées et feuillées, issantes d'un seul pied.

« convient à une assemblée et à des institutions diverses, par
« exemple à un tribunal, un hospice de charité, un hopital, un
« collège, etc. »

La prétention était un peu forte. Que ne demandait-on moins ?
Dans ces bâtiments, vendus et démolis ou livrés à l'industrie,
quel magnifique hospice, asile d'enfants ou de vieillards ne pou-
vait-on demander à créer, et quelle heureuse solution on aurait
donné, par avance, à la question, à l'ordre du jour aujourd'hui,
de l'assistance pubique dans le canton de Longueville (1).

(1) Rapprochés des *Notes* qui précèdent, les deux documents donnés aux
Appendices, l'un de l'an 1189 environ, l'autre daté de 1413, permettent de
comparer les droits et possessions du Prieuré vers le temp. de ses origines, au
milieu de son existence, et à sa fin.

APPENDICE A

CHARTE DE CONFIRMATION DES POSSESSIONS DU PRIEURÉ DE LONGUEVILLE, EN NORMANDIE ET EN ANGLETERRE, DONNÉE PAR HENRI II, AU MANS, sans date (vers 1189). (Original, parchemin, fragment de sceau; *Arch. de la Seine-Inf.*, fonds du Prieuré de Longueville) (1).

HENRICUS, Dei gratia rex Anglie et dux Normannie et Aquitanie et comes Andegavensis, Archiepiscopis, Episcopis, Abbatibus, Comitibus, Justiciariis, Vicecomitibus, Ministris et omnibus fidelibus suis totius Anglie et Normannie salutem. Sciatis me concessisse et presenti carta confirmasse Deo et monachis de Karitate Deo servientibus in ecclesia sancte Fidis de Longavilla, pro amore Dei et salute anime mee et antecessorum meorum, libere et quiete ignem suum in bosco meo de Awi (2) per duas carretas perpetuo jure, et mortuum boscum sive in jacendo sive stando, sicut quondam rex, Henricus, avus meus, eis concesserat; preterea quicquid eis datum est ex dono Willelmi regis secundi sive ex dono Henrici regis avi mei, in primis apud Longamvillam de dono Walteri Giffardi terram ad unam carrucatam, et feriam unam in die Conceptionis S. Mariæ, ecclesiam ejusdem ville cum pertinenciis suis, et terram et homines suos ubicumque sint in eâdem villâ; cum omnibus consuetudinibus eorum; unum molendinum intra curiam monachorum et aliud in villa, et decimam molendinorum comitis et thelonei (3) et totius census ejusdem ville, et modium unum vini per annum ad missas, et consuetudines et libertates et dignitates quas habent de comite Giffardo in bosco et plano et piscariis et molendinis tam in hominibus quam in animalibus

(1) Le titre de la fondation du Prieuré paraît perdu, aussi bien que les chartes de Guillaume-le-Roux et d'Henri Ier, auxquelles celle d'Henri II fait allusion. Il en était ainsi déjà en 1694. L'arrêt de main-levée de la Chambre des comptes de Normandie du 13 septembre de cette même année (V. *infra*, p. 30, note 3), qui énumère, avec un soin non pareil, tous les documents communiqués par les religieux, vante en effet la présente confirmation sans citer d'acte civil qui lui soit antérieur. (*Arch. Seine-Inf.*, F. du Prieuré de Longueville). Déjà l'aveu de 1419 (*infra*, p. 41) ne citait non plus que la présente confirmation. — Cette confirmation a été vidimée par le roi saint Louis; une copie médiocre du vidimus (XVIIIᵉ siècle) se trouve dans le Ms. 46 de la Bibliothèque de Dieppe.

(2) Eawi.

(3) Droit de tonlieu.

suis. Apud sanctam FIDEM DE BOSCO (1), ecclesiam et omnes prebendas et omnes res ad ipsam pertinentes tam in terris quam hominibus; et ad festivitatem sancte Fidis feriam unam in die cum vigilia, et boscum quem ibi habent. Apud WLFRANVILLAM (2), feriam unam in die sancti Audoeni, et ecclesiam cum partibus et pertinenciis suis, et quicquid comes Giffardus habebat in dominio, scilicet in terris, molendinis et pascuis et rusticis. Apud CROSCIUM (3), quicquid comes Giffardus habuit in bosco et terris et aquis, piscariis et molendinis et ut de bosco suo faciant libere quicquid eis utile visum fuerit. Apud APIGARDUM (4), ecclesiam cum pertinenciis suis et feriam unam in die sancti Clementis cum terris et hominibus suis et decimam de parco et exarto (5) illius. Apud COLE-MESNIL, ecclesiam cum pertinenciis suis. Apud OSCHEVILLAM (6), ecclesiam cum pertinenciis suis et feodum quod Gillebertus clericus tenuit et homines ad illud pertinentes, et ibidem alios homines de dono Walteri de Cantelu et alios homines de feodo de Willeker. Apud LORAM (7), ecclesiam et pertinencias suas et quatuor pondera salis et duas salinas et duas ambras (8) salis. Inter Monasteriumvillare et Espouvillam totam terram quam comes Giffardus dedit Roberto filio Gilleberti et supra montem et infra. Apud NOVAMVILLAM, ecclesiam cum pertinenciis suis et ipsam villam totam cum pertinenciis excepto illo quod comes dederat domui de templo et quod Hugo tenebat de donatione comitis, præter hec ipsam villam et Puy et terram de POLET, cum omnibus consuetudinibus hominum suorum terra marique, de divisa comitis Giffardi, quæ omnia concessi eis pro anima ipsius comitis. Decimam de SPINETO, de feodo comitis Giffardi; Ecclesiam de Bosco WIELINI (9). Ecclesiam de PETITVILLA cum pertinentiis et duos homines cum tenementis eorum; et decimam de efweis (10) de dono Gilleberti de Falesiâ et Ricardi de Morevilla. Apud LONGOLIUM (11), decimam molendinorum comitis et quicquid Adamus clericus habuit in ecclesia ipsius villæ de dono comitis et decimam de dominio comitis; et ecclesiam de BLOMESNIL (12) cum pertinenciis suis. Apud DEUPAM (13)

(1) Sainte Foy.
(2) Offranville.
(3) ? Cressy.
(4) Auppegard.
(5) Essart.
(6) Ocqueville.
(7) Leure.
(8) Ambre, mesure de capacité.
(9) Boishulin.
(10) Droits sur les marais; *sic*, p. 28. D'où : Eawy.
(11) Longueil.
(12) Blancmesnil.
(13) Dieppe.

masuram unam omnino liberam de dono Willelmi comitis fratris mei pro
Sawalo juxta terram Hervei. Ecclesiam sancti Jovini (1) cum pertinenciis
suis et terra et hospitibus quos ibi habent; ecclesiam Magne Ecclesiæ (2)
cum pertinenciis suis et terram et homines ibi de feodo de Novavilla et
Roberti de Bivevilla et Thebaldi de Fraxino. Apud Monasteriumvillare,
de dono Willelmi de Novavilla, viginti solidos in molendino suo et unum
hominem apud Rembertot. Apud Eskevillam (3), unum hominem de dono
Roberti de Novavilla; in villa Monasteriivillaris, unam masuram pro
Simone monacho. Apud Anskervillam (4), ecclesiam cum pertinenciis
suis et terram et homines quos habent de Hugone Thalebot et heredibus
suis; ecclesiam de Angens (5) cum pertinenciis suis et hominem
unum cum redditu suo, de dono Rogerii de Blossevilla pro anima Alix
matris ejus, et ibidem unam masuram de dono Alix de Cani et Henrici
Biseti et de dono eorumdem. Apud Auteneium (6), decem acras terre
de exarto nemoris et ibidem duos homines de dono Hugonis de Antencio
et Ludonis de Ouvilla. Apud Dunum (7), ex dono Willelmi filii Stephanni et
Radulphi filii sui de feodo et concessu comitis de Warenne duos homines
cum suis tenementis et duas masuras terre quas Columba tenuit, et ibidem
unam masuram de dono Gilleberti Caletot, et ibidem dimidiam masuram,
scilicet trium acrarum de dono Gaufridi de Aurevilla pro Willelmo patre
suo. Ecclesiam de Herbevilla (8) cum pertinentiis suis, et terram quæ
fuit Radulfi de Willeker, et terram et homines et quicquid Willelmus
Ruendel et heredes sui dederunt eis in eadem villa. Ecclesiam sancti
Medardi (9), cum pertinenciis suis et terram et homines quos ibi habent.
Ecclesiam Sancte Genovefe, cum hominibus pertinentibus et terram et
homines suos ibidem, et unam carrucatam terre et curturam terre que
vocatur, de Tilia Comitis, de dono Ricardi Thalebot et Avicie uxoris sue
et Hugonis filii sui. Ecclesiam de Bosco Roardi (10), cum pertinenciis
suis, et cum decima thelonei et cum decima molendini et panis domini,
ex dono Radulfi de Bosrohardi et heredum suorum. Ecclesiam de Parva
Præta (11), cum pertinenciis suis et duas carrucatas terre et hospites

(1) Saint Jouin.
(2) Manéglise.
(3) Esquiqueville.
(4) Anquetierville.
(5) Angiens.
(6) Autigny.
(7) Bourg-Dun.
(8) Heberville.
(9) Saint Mards.
(10) Bosc-le-Hard.
(11) La Prée.

suos et redditus quos ibi habent, et apud Boscumrohardi terram et homines suos et redditus; masuram ubi sedet grancia de dono Radulfi et unum hospitem de dono Willelmi et Rogerii de Torchi. Ecclesiam de CROISEIO (1), et ecclesiam Sancti Petri de Valle cum pertinenciis earum. Ecclesiam de sancte Marie de Belmontis (2) cum pertinentiis. Decimam rusticorum de HOTOT de dono Antelmi et modium frumenti in molendino suo de APEVILLA et unum hominem apud Baskevillam et decimam terre sue de Hermevilla, et decimam SANCTI AUDOENI SUPER ELNAM (3) similiter de dono Gilleberti de Hotot. Apud SANCTUM CRISPINUM, decimam de terra Joscelini de Criol, et ibidem decimam molendini Osberti Bufli. Decimam de GORREL, de terrâ Willelmi Calcetensis et Antelmi de Monteneio et Gilleberti de Hotot, et ex dono Radulphi de Cantalupo unum hominem ibidem. Decimam rusticorum Helie Haket apud TILIUM et apud DODELENVILLAM. Apud BURDINVILLAM (4), decimam de feodo Ynimari apud GHEBERVILLAM, decimam de feodo Walteri de Cantalupo, et duos hospites apud Oschevillam. Apud Gebervillam terram Willelmi Dapiferi de dono Walteri. Apud OSMUNDIVILLAM unum hominem de dono Willelmi de sancto Audoeno. Apud LAMBERVILLAM unum hominem de dono Gaufridi de Faghelund (5). Ecclesiam de OUVILLA, cum pertinenciis suis et terram et homines quos ibi habent de Gilleberto de Falesia. Apud ERMENCICILLAM (6) terram et duas partes saline de dono Roberti de Botello, et ibidem de dono Roberti Nivart unam salinam et ibidem, scilicet apud Botellum, domum Ernulfi liberam et unam salinam, et ibidem dimidium modium salis in salina Ynimari martri in salina ejus de dono ejus. Apud HERMEVILLAM (7) tres acras terre de dono Willelmi filii Herbert. Apud MAISNILBERNARD quinquaginta acras terre de dono Bernardi de Fossato, et aliam terram quam habent de Roberto, preposito sancti Sidonii. Apud BOSCUM WIELINI (8) decem acras terre de dono Jordani de Criketot. Apud BLIVILLAM, unum hominem de dono Gaufridi de Bliville. Apud SOTEVILLAM, terram quam Radulfus de Willeker dedit eis. Apud GUERRAS (9), unam masuram cum toto redditu ejus quam tenuit Oinus, de dono Audulfi de Guerris. Apud BOSCUM TUROLDI, unum hominem de dono Willelmi pasnagii. Apud FULETOT unum hominem de dono Willelmi de Cantalupo. Apud MONASTERIUMVILLARE

(1) Croisy.
(2) Notre-Dame de Beaumont-le-Perreux.
(3) Saint Ouen sous Bailly.
(4) Bourdainville.
(5) Faghelund, Faguillonde?
(6) *Sic.*
(7) Hermanville.
(8) Bois-Hulin.
(9) Gueures.

vinginti solidos de dono Willelmi de Novavilla in molendino suo et unum hominem apud Rembertot. Apud Eskevillam unum hominem de dono Roberti de Novavilla. Apud Bosrohardum duas acras terre de dono Lamberti. Apud Anslevillam (1) unam masuram de dono Hermeri, et ibidem alteram masuram de dono Walteri. Apud Anslevillam unum hominem de dono Helie Hachet et quamdam terram de Willelmo de Portis. Apud Sacchevillam (2) viginti solidos in molendino Camerarii de dono ejus pro Richardo monacho, et de eodem Camerario duos solidos ad tus emendum pro Matilde Cameraria, de censu de Manehoutivillam (3). Apud Brametot tres homines de dono Audulfi de Brachi. Apud Escuremaisnil (4) quicquid Jordanus de Sackevilla ibi habebat et in terra et in pratis. In foresta de Alihermont capellam saucti Remigii cum terra adjacente et duos summarios sive unam carretam ad sustentationem monachi ibi manentis. Apud Ricarvillam terram totam quam ibi habuit Villelmus de Malcuble. Apud Torchi duos homines de dono Thome et viginti solidos in molendino ejusdem ville de dono Hugonis patris sui; in molendino Stabularum quartam partem de dono Ricardi de Ricardiville; in molendino de Nigella (5) dimidium modium frumenti de dono Hugonis Talebot senioris, et in eodem molendino quatuor minas frumenti de dono Hugonis Thalebot junioris. Apud Sanctum audoenum super Elnam decimam de terra Willelmi Soldarii de dono ejus. Apud Ricarvillam decimam totius terræ Willelmi Avenel, quam tenebat de Ricardo de Ricarville; duas garbas de tota terra quam Robertus filius Hugonis de Gunceville tenuit de feodo Walteri Giffard. Apud Sackevillam, decimam quam Gillebertus Pepin de monachis tenuit ad firmam. Apud Longamvillam, molendinum quod est in villa, de dono Herbranni de Sackevilla et Jordani filii sui, et de dono Jordani quicquid habebat in Rocamonte (6) et in Baienello et quinque virgatas terre in Guntervalle. Apud Croseium, terram ubi virgultum plantatum est, de dono Balduini de Cantelupo. Apud Guinevillam, terram quam ibi habebat Walterus filius Baldri et ibidem decimam terræ quam Gillebertus de Gonnevilla dedit eis. Apud Hamels unum hominem et redditum quem Renerius de Ewremont dedit eis. Apud Flenvillam, dimidiam masuram terræ de dono Gaufridi de Flenville. Apud Osmundivillam, tres homines de dono Radulfi de Cressi, et in eâdem villâ sex acras terræ de dono Tusteni Calcencis et Willelmi filii sui. Apud Longamvillam, terram quam habent de Hugone Boneanée

(1) Anneville.
(2) Sauqueville.
(3) Manéhouville.
(4) Ecremesnil.
(5) Nigella, *Nesles.*
(6) Roquemont.

et ex concessione Gilleberti Wascelini. Apud Archias, terram Willelmi filii Laudomeri. Ecclesiam de Bernartmesnil (1), cum pertinenciis suis et terram de dono Walteri de Criolio. Apud Petitvillam, quatuer masuras de dono Radulfi de Villeker et apud Droseium, unam masuram Gaufridi Envesei de dono ejus. Apud Guncevillam, unam masuram quam mater Willelmi de Herbervilla dedit, concessu Willelmi fratris sui, quando factus est monachus. Apud Bretevillam, unum hominem cum toto tenemento et terra et bosco quod dedit Walchelinus de Becco, concedente Roberto nepote suo. Apud Barevillam, unam masuram. Apud Fresnetum, duas masuras. Apud Dunum, decimam molendini Gilleberti Ridel. Apud Dudevillam unum hominem de dono Eustachii et Rogerii filii sui, et ibidem alium hominem de dono Willelmi de Dudevilla. Apud Goncevillam, terram Ysabel ex concessu Nicholai et Roberti dominorum suorum. Apud Carcuitutum terram quam habent de Helissent et Roberto de Goncevilla. Apud Alpigart, quinque acras terre et hominem de dono Roberti Senter. Apud Herbervillam, unum hominem de dono Eustachii. Apud Engleskevillam, decimam totius terræ quam Jordanus de Sackevilla dedit filie sue in maritagium; terram quam habent apud Alpigart et apud Luneretum, de dono Willelmi Leileurer. Apud Broetevillam, duas acras de dono Simonis de Wasvic. Apud Dunum, unam masuram de dono Victoris. Apud les Bans comitis, unam masuram de dono Willonis de Becco. Apud Longamvillam, unam feriam in die Ascensionis, et ibidem terram quam habent de dono Hawiseri Veziee. Apud Sanctum Crispinium, duas acras de Joanne Rossel. Apud Muchedent, unum pratum totum sicut aqua cingitur usque ad alnetum Engheleri, de dono patris Hugonis de Muchedent. Apud Bosarmont, unum hominem de dono Radulfi de Willeker. Apud Gherelvillam, hominem unum et acram unam terre de dono Gaufridi. Apud Herbervillam, unam masuram de dono Willelmi. In Anglia de dono Walteri Giffardi Horewoldam villam, scilicet et ecclesiam cum pertinenciis suis omnibus, excepto feodo Duranni, et Ewetonam totam, excepto feodo Odonis, et ecclesiam ejusdem ville cum pertinenciis omnibus; ecclesiam de Wadona cum pertinenciis suis. Apud Westonam, quicquid Walterus Giffardus habebat, et ecclesiam cum pertinenciis suis; similiter quicquid habebat in dominio apud Winchighehan, et ecclesiam cum pertinenciis suis, excepto feodo Willelmi et Radulfi de Leonibus et Buteri, et conredium quietum clamatum a Waltero Giffardo. Terram de Rotholvegham. Decimas de his dominiis, videlicet de Solesburne, de Merselai, Singlesburghe, Badelesdone, Brikelai, Blechelai, Moleshou, Luctona, Litecota, Bukingheham, Mortona, Lamport, Lilingestan, Akeleia, Beccantona, Bradewella, Fulkeforde, Policota, Chiltona, Ultona, Dortona, Lecamesteda, Kamestona,

____

(1) Belmesnil.

CHIKESHAN, HACHETONA, ESINTONA, EDINGURAVA, GERSDESLAY, BODINGHES-SAN (1), et unum hominem quem ibi habent. Decimas de dominiis quibusdam apud DOUMAVE, de feodo comitis de sancto Paulo. Decimas de dominio de MELDONA et unum hominem cum suo tenemento; BURTONE, decimam de dominio; capellam S. Trinitatis de NORWICO. HANNEAM, cum pertinenciis suis cum viginti solidatis terræ antiquius a monachis possessis, exceptis feodis Roberti de Bivevilla et Willelmi Cokerel; et ecclesiam HANNEE cum pertinenciis suis, cum ecclesiâ de BLOMESNIL et LONGOLII; decimam quoque de dominio de Hannea, que villa cum predictis data est monachis pro excambio ecclesie de Ereendona cum decima de dominio ejus et decima dominii WINCHENDON et capella, que prius sui juris erant, et date sunt canonicis sancte Marie de Parco. Terram quam habent in WADONO; terram de REPPIS cum pertinenciis suis; AKELEIAM et ecclesiam ejusdem ville cum pertinenciis suis; decimam terre de dominio Hugonis Maskerel; ecclesiam de HERLETONA, cum pertinenciis suis et unum hominem; terram de RODECARVEBER; decimam de dominio de HERLETONA; ecclesiam de WITREHAN ad infirmariam monachorum, cum pertinenciis suis et decimam de dominio. Preterea hec sunt ad hospitale pauperum de Longavilla quod fundaverunt Walterus Giffardus et Ermengard uxor ejus, et dederunt monachis cum omnibus pertinenciis suis, cum una carrucata terre apud Longamvillam, et unum molendinum Thanerez et dimidium molendinum de WALDREVILLA et boscum juxta hospitale a via Gobin usque ad viam que vadit de Waldrevilla in Awi; decimam quoque allectorum suorum et piscium de eweis de LONGOLIO et de NOVAVILLA, et de PUIZ; apud NOVAMVILLAM tres modios salis. Juxta MONASTERIUMVILLARE dimidium molendinum quod Paganus tenuit; decimam molendini de HAREFLU; ecclesiam de WALDREVILLA, cum pertinenciis suis; ecclesiam de Cantalupo, cum pertinenciis suis; decimam de dominio OSULVILLE de dono Sawali; in Anglia ecclesiam STOKEBI cun pertinenciis suis et decimam de dominio; ecclesiam de STRATONA cum pertinenciis suis; decimam de dominio de CARVESISSAN; in Normannia quinque solidos in masura Nicholai mercatoris apud Monasteriumvillare; apud SANCTAM FIDEM de Bosco totam terram que fuit Vincentii filii Ricardi filii Roberti; quinque solidos de Audulfo de Guerris; unam feriam dominica prima post festum sancti Martini. Hæc omnia pertinent ad hospitale. Preterea ad monachos unum hominem apud GHEROLVILLAM de dono Willelmi Puinctuel cum tenemento suo; apud MONASTERIUMVILLARE unum pratum quod dicitur de la fesse; apud ARCHAS masuram unam. Hæc ego prenominata statuo ut a justiciariis meis integre monachis conserventur sicut mea dominica. Quare volo et firmiter precipio quod predicti monachi omnia hec predicta

____

(1) Nous pensons avoir bien lu tous ces noms étrangers, mais acceptons d'avance tous redressements.

teneant bene et in pace et libere et quiete et integre et honorifice, in
bosco et plano, in pratis et pascuis, in viis et semitis. in piscariis et
molendinis, in aquis et mariscis, in burgis et villis, in decimis et ecclesiis
et in omnibus rebus cum soca et saca et toll et Theam et infangintheof
et fleman frenche (1), et cum omnibus libertatibus et liberis consuetudinibus predictis tenementis pertinentibus, salvis rectitudinibus episco-
palibus et aliis quas predicte ecclesie debent. Precipio etiam quod ipsi et
ministri eorum sint quieti per totam Angliam et Normanniam de theloneo
et passagio et pontagio et pasnagio et reguardio foreste et omni consue-
tudine de rebus suis et omnium que ad proprios usus pertinuerunt, et ne
ducantur in placitum de quolibet tenemento quod tenent nisi coram me
aut coram capitali justiciario Anglie vel Normannie. Concedo etiam quod
vasa sua plumbea ad suos usus in domo sua fundere possint libere et
omnia utencilia et sibi necessaria exercere. Testibus Balduino, archie-
piscopo cantuariensi, Hugone, episcopo lincolniensi, Radulfo, episcopo
luxoviensi, Johanne, episcopo ebroicensi, Hugone, episcopo cestrensi,
Gaufrido, cancellario, Roberto, archidiacono herefordiensi, Hugone,
abbate furcarmontis, Sansone, abbate s. Audoeni, comitibus Willelmo de
Magny, Ranulfo de Glanvilla, Reginaldo de Cortene, Seherio de Quinci,
Hugone de Cressi, Jordano de Belnaio, Rogerio Calcetensi, et multis aliis.
Apud Cenomanum (2).

(1) Formule anglaise en usage dans les actes anglo-normands.
(2) Cette charte doit être datée de 1188 ou 1189. Cf. *Dumoulin, Hist. de
Norm.*, p. 417 ; — *Gall. christ.*, t. XIV, 388 E ; *id.* t. XI, etc.

APPENDICE B

Aveu du Prieuré de Longueville au roi de France et d'Angleterre,
Henri V. (25 avril 1419).

Par leur piété et leurs aumônes, les religieux de Longueville n'avaient
pas tardé à se concilier la reconnaissance publique et de nouvelles fonda-
tions étaient venues grossir les 700 livres de revenu (1) octroyées par le
comte Guiffard. Le *Nécrologe* de Longueville donne une longue liste de
ces bienfaiteurs (2). Pour trouver un document qui permette d'apprécier
les possessions du prieuré, il faut, après la charte qui précède, descendre
jusqu'à cet aveu du 25 avril 1419 (3). Henri V s'étant emparé de Rouen
(13 janv. 1419), et du pays de Caux dans les jours qui suivirent, les religieux durent rendre hommage et aveu au nouveau maître.

On va voir que les dépendances immédiates comprenaient, outre
l'église et le couvent, deux moulins à Longueville, la maladrerie de
Vaudreville, des fiefs et revenus assis spécialement sur les trois paroisses
voisines, Longueville, Sainte-Foy et Vaudreville, avec la haute justice
sur tous les fiefs possédés en *aumône*, la moyenne et la basse sur les
autres, puis le droit de tenir cinq foires annuelles à Longueville, Sainte-
Foy, Auppegard et Offranville, de prendre chaque jour deux charretées

(1) Pro sustentatione duodecim monachorum inibi degentium, 700 libras
annui redditus, variis in locis assignatas, dedit (*Neustria pia*). L'aveu de 1419
dit quinze cens livres de terres.

(2) Le *Nécrologe*, ou registre des morts qui avaient part aux prières des
religieux, a été publié dans le tome xxiii du *Recueil des Historiens des Gaules*,
d'après le ms. 5198, f. latin, de la Bibl. Nationale. Il semble avoir été rédigé
vers l'an 1385.

(3) Les archives de la Seine-Infér. possèdent une copie du xviiie siècle d'un
aveu de 1548 rendu par Robert, cardinal de Lenoncourt, évêque de Châlons,
prieur commendataire, et l'original d'un aveu du 29 août 1692, rendu par
Louis Colbert, prieur commendataire, et abbé commendataire de Notre-
Dame-de-Bonport. Ce dernier aveu, signé et scellé, et l'arrêt de main-levée de
la Chambre des Comptes, qui le suit, forment un superbe volume in-folio de
110 feuillets, relié en vélin. L'arrêt de main levée (13 sept. 1694) est plein de
renseignements utiles : il vise et décrit en effet tous les documents qui éta-
blissent chacun des droits énoncés dans l'aveu. Le Prieur a évidemment voulu
user du crédit de son nom pour mettre en règle les titres et les possessions de
son prieuré; l'arrêt est une œuvre de feudiste.

de bois dans la forêt d'Eawy, 12 mines de sel aux salines d'Etran et de Bouteilles, 10 milliers de harencs sur le comté d'Eu, etc. On trouve des propriétés, de peu d'importance en général, sauf à Ocqueville (cent acres de terre), un petit noble fief, hôtel, masure, pré, etc., avec tous les droits accoutumés, dans une quarantaine de paroisses ou hameaux, un port sur la mer à Neuville-sur-Dieppe, et le manoir d'*Hebbentonne* en Angleterre, enfin le droit de présentation, avec le patronage et des dîmes, à un certain nombre d'églises.

Le nombre des bénéfices du prieuré de Longueville dut varier suivant les temps. Il en possédait 42 selon le P. du Moustier (*Neustria pia*). 28 seulement selon Dom Duplessis. Le Pouillé d'Eudes Rigaud en énumère 26, et celui de 1738, 29 ; l'aveu de 1449 en mentionne 31 et celui de 1692, 30.

Voici la liste d'après l'aveu de 1449 ; elle ne diffère guère de celle du pouillé de l'abbé Saas, non plus que de celle de D. Duplessis, copiée par l'abbé Cochet (*Eglises de l'arrondiss. de Dieppe*, t. I, p. 259) : les églises de Longueville, Sainte-Foy, Boishullin (*dans l'ancien doyenné de Longueville*) ; — Vaudreville, Belmesnil, Sainte-Geneviève, Gonneville, Saint-Mards, le Mesnil (*Mesnil-Rury*), Auppegard (*doyenné de Bacqueville*) ; — Blancmesnil, Colmesnil, la 2e portion de Longueil, Ouville, Canteleu, Offranville (*doyenné de Brachy*) ; — Equiqueville et Neuville-sur-Dieppe (*doyenné de Envermeu*) ; — Angiens, Héberville, Ocqueville (*doyenné de Canville*); — Anquetierville (*doyenné de Fauville*); — Saint-Jouin, Manéglise, Leure (*doyenné du Havre*) ; — Etelan (*doyenné de Saint-Georges*); — Bosc-le-Hard, et la Prée (*doyenné de Cailly*); — Croixy (*doyenné de Bray*); — la chapelle Saint-Remy en Alihermont et une autre à Neuville-sur-Dieppe (chapelle des Grèves du Pollet).

A ces bénéfices il faut ajouter le prieuré de Notre-Dame-de-Beaumont-le-Perreux, près Gisors, pour deux religieux ; quatre offices claustraux, et enfin des dîmes dans les paroisses de Saint-Ouen-sous-Bailly, Saint-Valery-sous-Bures, Héberville, Gueures, Gourel, Luneray, Saint-Pierre-le-Vieil et Angiens.

Toutes ces possessions n'allaient pas sans charges.

Sans parler des aumônes qui étaient abondantes, les municipaux l'attesteront en 1790, il fallait subvenir non seulement aux besoins des religieux et à ceux du prieuré, mais encore aux diverses obligations, rentes perpétuelles, viagères, portions congrues, etc., entretenir le chœur des églises dont le prieuré avait le patronage, enfin la maladrerie de Vaudreville, fondée pour les pauvres de Longueville par le comte Gaultier Guiffard, le fils, et Ermengard, sa femme (1).

La chapelle en ayant été incendiée, elle avait été rebâtie et dédiée par

(1) V. Charte de Henri II, p. 28.

Eudes Rigaud sous le vocable de sainte-Madeleine le 1er août 1249 (*Reg. visitat.*, p. 47). Plus tard les revenus qui lui avaient été affectés étant devenus insuffisants, la maladrerie fut supprimée et réunie à l'Hopital Général de Dieppe, par arrêt du Conseil du 22 décembre 1694 et lettres patentes de novembre 1695. La maladrerie est devenue la ferme dite encore aujourd'hui *la ferme de l'Hopital.*

Le nombre des religieux dut plusieurs fois varier. C'étaient douze moines bénédictins de l'ordre de Cluny que Gaultier Giffard avait appelés à Longueville *(Neustria pia).* Plus tard ajoute le P. du Monstier, copiant le P. Marrier *in bibliotheca cluniacensi,* p. 1718, il y eut 26 moines : prioratus S. Fidei Longavillæ, diœcesis rothomagensis, in quo debent esse 26 monachi ; sunt ibidem quatuor officiarii, scilicet, *celerarius, sacrista, eleemosynarius,* et *infirmarius.* Le nombre dut décroître dès le XVIIe siècle ; six religieux seulement signent l'aveu du 29 août 1692 ; enfin on a vu qu'en 1790 ils n'étaient plus que sept.

Quant aux quatre offices claustraux du cellerier, du sacristain, de l'aumônier, et de l'infirmier, ils subirent aussi des changements. Dom Duplessis en compte cinq : le *prieur claustral,* depuis que le prieuré est en commende, le *cellerier,* le *sacristain,* l'*aumônier,* et le *chantre,* titre nouveau, tandis que « l'infirmier a été supprimé comme inutile (1), dit-on. » Enfin en 1790 le registre municipal mentionne le *prieur,* le *sous-prieur,* le *sacristain,* et le *procureur.*

Voici quelques noms de prieurs recueillis au cours de nos recherches :

Dominus *Nargaldus,* premier prieur, au temps de la fondation, (Nécrologe de Longueville),

Herbran,

Guillaume de Cany (de Cancio),

Gautier de Cany (de Cancio), sous-prieur et aumônier,

Petrus de Bosco,

Henricus,

Robertus,

Johannes.

Tous furent prieurs de Longueville dans un ordre qui nous est inconnu, avant l'année 1385, date approximative de la rédaction du *Nécrologe* de Longueville, qui donne leurs noms, suivis de la mention : *quondam prior hujus loci.*

Rogerius, vers l'an 1145 *(Neustria pia),*

Pierre, 1270 (arrêt de la Ch. des C., main-levée du 14 sept. 1694),

____

(1) *Sic,* l'aveu de 1692 et D. Duplessis ; le *Nécrologe* de Longueville (p. 438) cite le *cantor.*

Philippus, vers l'an 1329, il devint abbé de Fécamp et construisit la nef du prieuré *(Nécr., Gall. chr., xi, 211, et Neustria pia)*,

Bernardus de Genebreda, vers 1336 *(Nécr., et Neustria pia)*,

Helye Jacques, vers 1385 *(Nécr.)*,

Pierre Miget, 1420-1443, l'un des juges de Jeanne d'Arc ; homme d'un réel mérite, s'il faut en croire son épitaphe qui se voyait dans le Chapitre *(Neustria pia, et Ch. de Beaurepaire, Notes sur les juges et assesseurs, etc.),*

Pierre Mégissier, 1448 *(Neustria pia)*,

Dom *Girard Bailly*, prieur, 1462, (Bibl. Nat., f. lat., nouv. acq., 2267).

Dom *Jean Talleure*, sous-prieur, 1462, *(Ibid.).*

Joannes de Gaucourt, depuis évêque d'Amiens, 1474 *(Neustria pia)*,

Robert de Lenoncourt, cardinal, évêque de Châlons, prieur *commendataire*, 1548-1551 *(Arch. de la S.-Inf., fonds du Prieuré de Longueville)*,

Nicolas de Bellièvre, aumônier du Roi, prieur *commendataire*, 1600 *(Arch. Seine-Inf., ibid.)*,

Charles du Val, prieur *claustral*, 1661, *(Neustria pia)*,

Louis Colbert, prieur *commendataire*, abbé commendataire de Notre-Dame-de-Bonport, rend aveu le 29 août 1692 (Arch. Seine-Inf.),

Dom *Nicolas Mazier*, prieur *claustral*, 1692 *(Ibid.)*,

Dom *Martin E'ias*, prieur *claustral*, 1749, géra par intérim la cure de Longueville,

Le chevalier *Daidye* (1), prieur *commendataire*, 1751, (légende du plan du prieuré),

Mr *d'Esclapon de Villeneufve*, prieur *commendataire*, 1790, (Reg. municipal).

Dom *Thomas Bolot*, prieur *claustral*, 1790, *(Ibid.),*

Dom *Jean Jacquelin*, ancien sous-prieur, 1790 *(Ibid.).*

Dom *Claude Daruz*, sous-prieur, 1790, *(Ibid.).*

(1) V. Notice de Sainte Beuve, en tête des *Lettres de Mlle Aïssé (Paris, 1846)*.

AVEU DU PRIEURÉ DE LONGUEVILLE, 25 avril 1419

Vidimus par Pierre du Busc, garde du scel des obligations de la vicomté de Rouen, du 22 octobre 1419, d'un vidimus de Pierres Le Verrier, garde du scel des obligations de la vicomté de Caen, en date du 3 may 1419, « d'unes *lettres patentes scellées des sceaulx du prieur et convent de Longueville la Guiffard...* », des quelles la teneur ensuyt (1) :

Du roy de France et d'Angleterre, seigneur d'Irlande, notre et souverain seigneur, nous prieur et convent de Longueville la Guiffart, orateurs d'icelluy seigneur soubz le prieur de la Charité-sur-Loire sans moyen de l'ordre de Cluny, fondez de douze moynes de très noble et puissant seigneur Watier Guiffart, adonc *conte de Longueville*, sur mil et cinq cens livres de terres assises en plusieurs villes et parroisses esparties par laditte conté et en Angleterre, et plusieurs nobles et autres devotes personnes nous ont donné plusieurs accroissements, TENONS et advouons a tenir par la feaulté que nous luy debvons, c'est assavoir, l'église et tout l'ostel ainsy comme il se comporte, la rivière, deux mollins, l'ung dedens la court, l'autre dehors, et le chef de toute la seigneurie de icelle fondation, ou il apartient plusieurs demaines tant en preyz, terres labourables, hommes resseans, rentes en deniers, en oueseaulx, grains, boys, œufs, corvées, en ladite église et parroisse comme ailleurs, et est ledit austel en fief de omosne, et y avons toute haulte justice moyenne et basse, et semblablement ès autres maisons et austieulx tenuz de nous en fief d'omosne qui sont croisées (2) selon la coustume du pays. Item nous avons ung hospital en ladite ville de la fondation dudit conte, avecques les rentes et revenuz, terres, boys, eaulx, dixmes et toutes autres droictures appartenantes audit hospital auquel les posvres de notre seigneur sont receuz et gouvernés, et sy est ledit hospital gouverné par ung de nous ordonné par ledit prieur, et est ledit lieu fief d'omosne. Item en ladite parroisse de LONGUEVILLE avons ung petit noble fief nommé le fief d'ESPINAY, eu quel nous avons hommes resseans, rentes en deniers, oueseaulx, œufz, grains, corvées, court et usage, avecques toutes autres droictures de fief acoustumées, et en rendons à Monseigneur le conte de Longueville, par chacun an, sept livres douze deniers tournois a deux termes Sainct Michel et Pasques par égal porcion. Item a VAUDREVILLE le

(1) Arch. Seine-Inf., F. du Prieuré de Longueville. (Copie collationnée du 6 décembre 1537, papier).

(2) On marquait d'une croix les maisons tenues en aumône.

patronage et presentation de l'église. Item a Saincte Foy ung austel de la fondation dudit sieur Monseigneur le conte ainsy comme il se comporte, en fief d'omosne avecques toutes les appartenances tant en hommes resseans, rentes en deniers, oueseaulx, boys, grains, terres labourables, œufz, corvées, gardins, comme en toutes autres droictures de fief acoustumées, et sont les dessus dictes troys cures, c'est assavoir Longueville, Vaudreville (1) et Saincte Foy du don et presentation de nous dessusdits et de notre patronnage, et sy avons toutes les dixmes et campars en deux des parroisses dessusdittes, c'est assavoir Longueville et Saincte Foy, excepté certains droictz que les curés desdictes cures prennent, à cause de leurs églises, et sy avons court et usage sur tous nos hommes et tenne-miens, c'est assavoir moyenne et basse justice, hors les fiefz d'omosne où nous avons haulte justice comme dict est. Item a cause de nostre d. fonda-cion et dotacion avons droict de prendre et avoir chacun jour en la forest d'Yavy (2) deux chartées de boys pour nostre usage et chauffage avecques le mort boys soyt en estant ou en gysant; et sy avons droict de pasturage pour toutes noz bestes ès dites forestz, tant bestes aumailles comme pour-ceaulx et autres bestes en tout temps. Item a cause de nostre dite fonda-cion et dotacion avons les droicts de cinq foires par chacun an, c'est assavoir deux foires a Longueville, l'une seante le jour de la Conception Nostre-Dame, l'autre le jour sainct Thomas, apostre, une a saincte Foy, seante le jour de la feste saincte Foy, une a Auppegart, seante le jour sainct Clement, et une a Offramville, seante le jour sainct Ouen, avecques la juridiction et justices pour chacun jour d'icelles foires haulte moyenne et basse. Item a Musdam (3), une pièce de prey ainsy comme elle se comporte. Item a Offranville, avons ung austel clos de murs en fief d'omosne avecques les appartenances d'icelluy tant en hommes resseans, rentes, en deniers, oueseaulx, grains, œufz, avecques deux moullins sur la ryvière de Seye et avec toutes les dixmes, campars, corvées et autres servages que doibvent lesdits hommes et toutes autres droictures de fief acoustumées; et sy est la cure dud. lieu du don, presentation et patron-nage de nous. Item a Ouville sur la mer nous dessusdicts avons ung petit noble fief, auquel nous avons hommes resseans, terres, rentes en deniers, oueseaulx, grains et toutes autres droictures de fief acoustumez en moyenne et basse justice, avec le don et presentacion de la cure et les deux pars de la dixme. Item a Longueil, le don et presentacion de la mendre porcion de la cure. Item a Blancmesnil (4), le don et presentacion

(1) Aujourd'hui Vaudreville est un hameau de Longueville; son église a été démolie.
(2) Eawy.
(3) Muchedent.
(4) Réuni aux paroisses de Sainte-Marguerite-sur-Mer et Varengeville.

de la cure avec les deux pars de la dixme. Item a Neufville sur Dieppe, ung petit hostel en fief d'omosne, ou il y a hommes tenans dud. fief, rentes en deniers, oueseaulz, grains, œufz, corvées et toutes autres droictures de fief et ung port sur la mer, euquel port et terre nous avons toute justice, avecques le don et présentacion de la cure et d'une chapelle qui est au Pollet (1) et les deux pars de la dixme. Item a cause de nostre dite fondation nous avons droict de prendre et avoir chacun an a Bou-tailles (2) et a Estram (3) douze mynes de sel a la mesure acoustumée. Item a Collemesnil, le patronage de l'église. Item a Auppegard, le don et presentacion de la cure, les deux pars de la dixme et ung hostel en fief d'omosne, ou il y a hommes resseans, rentes en deniers, oueseaulx, grains, court et usage et toutes autres droictures de fief acoustumez. Item a Hermanville, deux petiz nobles fiefz ou nous avons hommes resseans, rentes en deniers, oueseaulx, grains, court et usage, avecques toutes autres droictures de fief acoustumez. Et sy prenons chacun an sur la granche du Til, appartenant aux Relligieulx Abbé et convent de Morte-mer en Lyons, dix-huit livres tournois. Item a sainct Maart (4), deux masures et une grance (5) en fief d'omosne, rentes en deniers, oueseaulx, grains et autres droictures de fief acoustumez, avec le patronnage de l'église et les deux pars de la dixme. Item a Bermesnil (6), ung petit noble fief ou nous avons hommes resseans, rentes en deniers, oueseaulx, grains, court et usage et toutes autres droictures de fief acoustumez, avecques le don et presentacion de l'église et les deux pars de la dixme. Item a sainte Geneviefve, ung hostel en fief d'omosne, eu quel nous avons hommes resseans, rentes en deniers, oueseaulx, œufz, grains et toutes autres droictures de fief acoustumez, avec le patronage de l'église et les deux pars de la dixme. Item a Gonneville (7), le patronage de la petite portion de l'église avec ung traict de dixme. Item a Carcurr (8), ung petit noble fief ou nous avons hommes resseans, rentes en deniers, oueseaulx, grains, ouefz, court et usage et toutes autres droictures de fief acoustumez. Item a sainct Crespin, ung petit noble fief, euquel nous avons hommes resseans, rentes en deniers, oueseaulx, grains, oueufz, court et usage, avecques toutes autres droictures de fief acoustumeez; et sy avons a cause de notre terre la ryvière et droict de faire moullin. Item a Bouffart,

(1) Chapelle Notre-Dame des Grèves ou des Arènes.
(2) Rouxmesnil-Bouteilles.
(3) Etran, hameau de Martin-Eglise, près Dieppe.
(4) Saint-Mards, près Bacqueville.
(5) Grange.
(6) Belmesnil.
(7) Gonneville-les-Hameaux.
(8) Hameau de Gonneville.

ung petit noble fief assis en la parroisse de sainct Crespin, euquel nous avons hommes resseans, rentes en deniers, oeseaulx, grains, court et usage et toutes aultres droictures de fief acoustumées. Item au Bosc-HULLIN (1), le patronnage de l'église et les deux pars de la dixme et ung petit hostel en fief d'omosne, avec toutes les droictures de fiefz acoustumeez. Item a ESQUICQUEVILLE (2), le patronnage de l'église avecques les deux pars de la dixme. Item a ESCRUMESNIL, en la paroisse de Meules (3), ung petit noble fief euquel nous avons hommes resseans, rentes en deniers, oueseaulx, grains, court et usage et toutes autres noblesses de fief appartenantes en moyenne et basse justice. Item a ALYHERMONT, la presentation de la chapelle Sainct Remy, en la parroisse de sainct Jacque de Alyhermont, ung petit hostel en fief d'omosne et y avons terres labourables et autres droictures de fief, avec deux sommes de bois pour chacun jour que nous prenons en la forest d'Alihermont pour l'usage dud. hostel. Item a RICARVILLE, ung petit noble fief et avons hommes resseans, rentes en deniers, oueseaulx, grains, court et usage et toutes autres droictures de fief acoustumées, avec troys masures en fief d'omosne. Item a SAINCT VALERY (4) une petite porcion de dixme. Item a SAINCT OUEN sur Bailly, ung petit traict de dixme et rentes en deniers. Item a BRASMETOT, ung petit noble fief ouquel nous avons hommes resseans, rentes en deniers, oueseaulx, grains, court et usage et toutes autres droictures de fieu acoustumées. Item a CANTELEU (5), ung petit noble fief ou nous avons hommes resseans, rentes en deniers, oueseaulx, grains et toutes autres droictures de fieu acoustumées, avecques le don et presentacion de l'église et les deux pars de la dixme. Item a BACQUEVILLE, ung petit noble fief ou nous avons hommes resseans, rentes en deniers, court et usage et toutes autres droictures de fief acoustumées. Item a OSMONVILLE, ung petit noble fief ouquel nous avons hommes resseans, rentes en deniers, oueseaulx, grains, court et usage et toutes autres droitures de fief acoustumées. Item a GRUVILLE (6), rentes en deniers, grains et oueseaulx. Item au MESNILREURY (7), le patronage de l'église et les deux pars de la dixme avec certains grains. Item au MESNIL BESNARD, en la viconté du Neufchastel et paroisse de Sainct Saen, ung petit noble fief ouquel nous avons hommes resseans, rentes en deniers, oueseaulx, grains, court et usage et toutes aultres droictures de fief acoustumées. Item a GUEURRES,

(1) Le Bois-Hulin, réuni à la Chaussée.
(2) Saint-Vaast d'Equiqueville.
(3) Ecrémesnil, Meulers.
(4) Saint-Valéry-sous-Bures.
(5) Canteleu-sur-Brachy.
(6) Commune de Tiergeville.
(7) Mesnil-Rury, réuni à Torp-Mesnil.

ung petit trait de dixme et deux masures en fieu d'omosne. Item a Gourel (1), ung petit trait de dixme et deux masures en fief d'omosne. Item
a sainct Pierre le Viel, ung petit noble fieu, ouquel nous avons hommes
resseans rentes en deniers, grains, oueseaulx et usage avec toutes autres
droitures de fieu acoustumées. Item a Luneray, ung petit noble fieu, et
y avons hommes resseans, rentes en deniers, court et usage, grains,
oueseaulz et toutes autres droictures de fief acoustumées. Item a Angiens,
ung petit noble fief, ouquel nous avons hommes resseans, rentes en
deniers, oueseaulx. grains, court et usage et toutes autres droictures de
fief acoustumées, avecques le patronnage de l'église et les deux pars de
la dixme. Item a Heberville, ung petit noble fief et y avons hommes
resseans, rentes en deniers, oueseaulx, grains, court et usage et toutes
autres droictures de fief acoustumées, avec le patronnage de l'église et les
deux pars de la dixme. Item a Fulletot, ung petit noble fieu et y avons
hommes resseans, rentes en deniers, oueseaulx, grains, court et usage
et toutes autres droictures de fief acoustumées. Item a Petitville, ung
petit noble fieu et y avons court et usage, hommes resseans, rentes en
deniers et toutes autres droictures de fieu acoustumées. Item au Boscmalle-
terre (2), ung petit noble fief et y avons court et usage, hommes resseans, rentes en deniers, grains, oueseaulx et toutes aultres droictures de
fief acoustumées. Item a Doudeville, ung petit noble fief, ouquel nous
avons court et usage, hommes resseans, rentes en deniers et toutes
aultres droitures de fieu acoustumées. Item a Drozey, ung petit noble
fief, ouquel nous avons hommes resseans, rentes en deniers, court et
usage et toutes autres droitures de fief acoutumées. Item a Osqueville,
ung petit noble fieu et y avons hommes resseans, rentes en deniers,
oeseaulx, grains, court et usage et toutes autres droictures de fief acoustumées, avec le patronnage de l'eglise et les deux pars de la dixme. Item,
cent acres de terre en la parroisse dessusdicte, tenues du fieu de Caniel
qui fu au conte d'Alençon, et en debvons au seigneur de Caniel cinq
soulz a la Sainct Jean Baptiste. Item a Anquetieuville, ung petit noble
fief et y avons hommes resseans, rentes en deniers, oeseaulx, grains et
toutes aultres droictures de fief acoustumées avec le patronnage de l'église
et les deux pars de la dixme. Item a Estellant (3), ung petit noble fief
et y avons hommes resseans, rentes en deniers, grains, oeseaulx et toutes
aultres droictures de fieu acoustumees avec le patronnage de l'eglise et les
deux pars de la dixme, et sy nous en doibt le curé dud. lieu ung saul-
mon a la Sainct Jehan Baptiste. Item a Tuouville, ung petit noble fieu

(1) Hameau de Brachy.
(2) Ce lieu nous est inconnu; peut être Bosmellet.
(3) Saint Maurice d'Etelan.

et y avons hommes resseans, rentes en deniers, court et usage et toutes aultres droictures de fieu acoustumées. Item a Soteville (1), ung petit noble fief et y avons court et usage, hommes resseans, rentes en deniers, grains et toutes autres droictures de fieu acoustumées. Item a Authegny, un petit noble fieu et y avons court et usage, hommes resseans, rentes en deniers et toutes autres droictures de fief acoustumées. Item a sainct Jouyn, ung petit noble fieu, ouquel nous avons hommes resseans, rentes en deniers, oueseaulx, grains et toutes autres droictures de fieu acoustumées, plusieurs resseans en fieu d'omosne; et sy y avons une masure et deux granées en fieu d'omosne, ou nous avons haulte moyenne et basse justice, avec le patronnage de l'église, toute la dixme des guerbes et aigueaulx et dix livres de rente annuelle sur les droictz que le curé prent. Item a Mangneglise (2), ung petit noble fief et y avons court et usage, hommes resseans, rentes en deniers, oyseaulx, grains et toutes autres droictures de fief acoustumées, avec le patronnage de l'église et les deux pars de la dixme. Item a Espouville, ung petit noble fief, euquel nous avons court et usage, rentes en deniers, hommes resseans, oeseaulx, grains et toutes aultres droictures de fieu acoustumées. Item a Leure (3), le patronnage de l'église avec les droictz acoustumez que nous y prenons, qui soulloient valloir dix livres tournois par chacun an. Item a sainct Martin du Manoir ung petit noble fieu, euquel nous avons court et usage, rentes en deniers, hommes resseans, oeseaulx, grains, et toutes autres droictures de fieu acoustumées. Item nous avons en la couté de Eu, sur la vicouté du Trepport, par chacun an, dix milliers de harent et quarante soulz sur la recepte de Monseigneur le conte de Eu. Item nous avons au Trepport rentes en deniers sur certaines masures et heritages. Item en la conté d'Aumalle, une masure tenue de nous et trente solz parisiz sur la prevosté dudit lieu d'Aumalle. Item au Neufchastel et a Esclavelles et és parties d'environ, nous sont deubz par chacun an sur certains heritages soixante solz ou environ. Item au Boscrohart (4), eu bailliage de Rouen, ung petit noble fief, ouquel nous avons court et usage, hommes resseans, rentes en deniers, oeseaulx, grains et toutes aultres droictures de fieu acoustumées, la dixme du moullin, deux granées en fieu d'omosne, avec le patronnage de l'église et toute la disme d'icelle, excepté certain droict que le curé a acoustumé a prendre. Item a la Prée (5), ung petit noble fieu, euquel nous avons court et usage, hommes resseans, rentes en deniers, oueseaulx, grains et toutes aultres droictures

(1) Sotteville-sur-Mer.
(2) Manéglise.
(3) Paroisse absorbée par Le Hàvre.
(4) Bosc-le-Hard.
(5) Hameau de Saint-Martin-Osmonville.

de fief acoustumées, ung manoir avec les terres dud. manoir, le patronnage de l'église et les deux pars de la dixme. Item a Croisy (1), ung petit noble fieu, euquel nous avons hommes resseans, rentes en deniers, grains, ouescaulx, œufz, terres labourables, prez, rivière, moullin, pesquerie, boys et toutes aultres droictures de fief acoustumées, ung petit hostel en fief d'omosne, auquel les choses dessusdictes sont appartenantes, avec le patronnage de l'église et les deux pars de la dixme. Et pouons convertir led. boy · en notre prouffit et volunté sans le congié du souverain. Item a la Haye (2) en Lyons, en la parroisse de Croisy, les deux pars de la dixme et, a cause dud. fieu et hostel et de la fondation de nostre dite église, nous avons droict chacun an de prendre et avoir deux quesnes delivrés és foretz de Lyons par la main d'un des verdiers ou son commis; et aussy avons droict de prendre et avoir du boys tant comme il en fault pour chacun jour en nostre dit hostel de Croisy pour nostre chauffage comme les autres coustumiers; et sy avons droict d'envoier et d'avoir nostre pasturage esd. forestz pour toutes nos bestes tant bestes aumailles comme pourceaulx et autres bestes, et de ce debvons au chastel de Lyons, a certains termes, dix solz tournois. Item nous dessudicts avons eu bailliage de Gysors unc prieuré nommé Nostre Dame de Beaumont le Perreux (3) fondée pour le vivre de deux relligieulx, led. hostel ainsy comme il se comporte en fief d'omosne, a cause duquel fief il y a hommes resseans, terres labourables, rentes en deniers, oeseaulx, grains, boiz, prez, rivière, œufz, corvées et toutes autres droictures de fief acoustumées, et sy y a ung petit hostel appartenant audit prieuré nommé Marbeuf, assiz prez de la forest de Lyons, a cause du quel prieuré et hostel les religieulx illec manans ont droict de prendre et avoir du boys tant comme il leur en fault pour leur ardoir, et aussy ont pasturage en lad. forestz pour toutes les bestes aumailles, pourceaulx et autres bestes; et sy leur est deu par chacun an sur le moullin Dangu ung muy de bley. Item nous avons en Angleterre ung manoir nommé le manoir de Helbentonne (4) de Longueville, au dioceze de Lincolne, auquel sont appartenans plusieurs autres manoirs et maisons et plusieurs eglises et beneffices et y avons terres, prez, boys, rentes, revenus, moullins, dixmes, portions, pencions, droictz, signories avec toutes aultres droictures de fieu acoustumées. Et sy avons en tous noz fiefz d'omosne toute haulte justice moyenne et basse, et ès aultres nobles fiefz

---

(1) Croisy-la-Haie (Eure).
(2) La Haye, paroisse réunie à Croisy.
(3) Paroisse de Bernouville (Eure).
(4) La charte de confirmation de Gautier Guiffard, le fils, dit *Herlenton* (*Monast. anglic.*, t. vi, 2ᵉ partie, p. 1037, édit de Londres, 1846). V. p. 27, les possessions anglaises citées par la charte de Henri II.

moyenne et basse justice, eu ressort du Roy sans nul moyen ès bailliages
ou les tennemens sont scituez. Lesquelles choses dessusd. nous furent
confermées de très excellent et puissant prince de noble memoire,
Henry, jadis Roy d'Angleterre, duc de Normendie et d'Acquitaine et
conte d'Anjou, et approuvées du roy sainct Loys, lequel roy Henry en la
fin et conclusion de la chartre de lad. confirmation, ainsy approuvée
comme dit est, estably que les choses dessusdictes nous soient gardées
entièrement par ses justiciers comme son dommaine. Et voult fermement et
commanda que nous tenons toutes les choses dessusdites bien et en paix,
fermement, entièrement et paisiblement en la forme et manière que
dessus est declaré, avec toutes libertés, franchises acoustumées appartenans a nosd. tenemens; et avecques ce commanda que nous et noz
familiers soyons francz quictez et exemps par toute Normendie et Angleterre de tournelieu, travers, passage, pontage, pasnage, regards de forestz
et toutes aultres coustumes, et aussy toutes nos choses et toutes celles
qui a nos propres biens apartiennent, et que nous ne soyons menez en
plet de tenement que nous tenons fors devant lüy ou devant le capital
justice de Normendie ou d'Angleterre. Et avec ce voult et octroya que
nous puissons fondre francement en nos maisons nos vaisseaulx plombés
a nostre usage et tous les utencilles qui nous sont necessaires pour excer-
cer. Et d'abondant nous myst en sa sauvegarde, protection et deffence,
voult et commanda a tous ses justiciers et ministres que ilz nous main-
tiennent, aident et deffendent raisonnablement. Et aprez nous furent
confermées du pape Alexandre tiers, lequel mist en la protection et
sauvegarde du Sainct Siege de Romme nostre prioré et toutes les appartenances d'icelluy, et en la fin de la bulle de sa confirmation deffend
que en aucune manière nostre dit prieuré ne soit molesté, inquieté
ni perturbé, et que les possessions et revenuz d'icelluy ne soient soubz-
traictes, retenuz, alienées ne diminuées en aucune contraincte ou vexa-
tion; et les venans encontre, soient clercz ou lays, il condenne de tenir
iniquité perpetrée, de perdre leur poosté et dignité et d'estre coulpables
en divin jugement, et les aliéne du très sacré corps nostre Seigneur
Redempteur du monde, et les subtraict eu derrain examen en la divine
derraine ultion; et aux gardans aud. lieu ses droictz, octroie la paix de
nostre Seigneur Jhesus Crist et que par le fruict de bonne action ilz
puissent percevoir envers le destroit juge les loyers de paix pardurable.
Et du temporel, fieufz et omosnes de la fondation et dotation dessus
declairée, ne debvons fors prières et oraisons pour nostre dit seigneur le
roy, les fondeurs et augmenteurs d'icelle, excepté ce que dessus est
declairé. En tesmoing desquelles choses nous, prieur et convent dessusdicts, avons mis a ce present adveu et denombrement nos sceaulx,
supplians que ce present denombrement y plaise avoir aggreable; et sy
aucune chose avons oublié a y mettre, par inadvertence ou par ce que

toutes nos chartres et enseignemens de nostredit tenement nous n'avons
peu recouvrer, et pour le faict des guerres en avons perdu plusieurs,
nous sommes prestz de bailler ce qui en vendroit a nostre congnoissance.
Donné en nostre chappitre de Longueville, le vingt cinquiesme jour
d'apvril, l'an de grace mil quatre cens et dix neuf après Pasques.

[Après le vidimus du garde du scel du baillage de Caen, se trouve le
mandement des Gens des Comptes du duché de Normandie aux baillis de
Caux et Gisors et aux vicomtes de Rouen, Arques, Neufchatel, Caudebec,
Montivilliers et Gisors d'informer sur le présent dénombrement vidimé
(à Caen le 5 mai 1419). — A la suite : le mandement de Roger Fenys,
chevallier, bailly de Caux et capitaine de Longueville aux vicomtes de
de son baillage d'informer sur le dénombrement (à Longueville, le
25 mai 1419).]

Évreux, Imprimerie de l'Eure, L. Odieuvre, 4 bis, rue du Meilet.